French: Short Stories for Intermediate Level + AUDIO Vol 3

Improve Your French Listening Comprehension Skills with Seven French Stories for Intermediate Level

©All rights reserved 2020
Frédéric BIBARD (TalkinFrench.com)

No part of this book including the audio material may be copied, reproduced, transmitted or distributed in any form without prior written permission of the author.

For permission requests, write to: Frédéric BIBARD at contact@talkinfrench.com.

For more products by Frédéric BIBARD, visit

https://www.talkinfrench.com/

FOREWORD

Everyone loves stories. In fact, humans and stories have a long history together — from stories shared fire-side, to stories shared underneath the moon or by candlelight. Stories are loved and loved well. Through the years, storytelling has taken on other uses and other forms, yet it continues to be a part of our daily lives.

Did you know that stories can also be used to learn a new language? With the right tools to tell stories, you can improve your vocabulary almost painlessly. It will also help improve your reading and listening comprehension. That is exactly what the book *Learn French with Stories* did, and it's the reason it became a bestseller.

Following the success of *Learn French with Stories*, I am happy to share this new book with you: *Learn French with Stories Volume 3*. With the same effective format used in the first volume, this book contains seven short stories designed to help you learn French not only painlessly, but in a highly enjoyable way.

You will find short stories about a variety of situations, including: (1) At the University, (2) Online Shopping, (3) At the hair salon, (4) Grocery Shopping, (5) Taking the Subway, (6) At the party, and (7) On the beach.

What should you expect from this book?

- You can expect to do away with your English-French dictionary. The book has its own built-in glossary tucked into every story. This way, you won't need to look up words you do not understand.

- You can expect to learn a diverse range of vocabulary and grammar structures. The stories are written using a wide array of useful words and grammar that you can easily use in your day-to-day conversations.

- You can expect to improve your reading comprehension and writing skills, with the help of the easy-to-follow stories and the writing exercises at the end of each story. You will have the opportunity to create your own summary of the stories in your own words.

- You can also expect to boost your listening skills and your pronunciation in French. With the help of the audio accompaniments, you can listen along to the stories as narrated by a native French speaker. The audio has two versions: normal speed narration for intermediate and advanced level French learners, and slow speed narration for beginners and intermediate learners to follow along with and practice their pronunciation.

I hope you will have as much fun as we did making this second volume for you. More importantly, I hope this book will encourage you to continue learning French.

Good luck and enjoy!

Merci beaucoup.

Frédéric BIBARD

Founder, Talk in French

TABLE OF CONTENTS

HISTOIRE 1 : LÉA RECHERCHE UN EMPLOI 4
    Vocabulary Recap 25
    Practice your Writing 33

HISTOIRE 2 : UN PETIT TOUR À LA CAMPAGNE ?! 34
    Vocabulary Recap 57
    Practice your Writing 63

HISTOIRE 3 : VIVONS MIEUX ! 64
    Vocabulary Recap 85
    Practice your Writing 94

HISTOIRE 4 : TEO, LE GÉNIE DE L'INTERNET 95
    Vocabulary Recap 112
    Practice your Writing 120

HISTOIRE 5 : MME VERNET, LA MAÎTRESSE PRÉFÉRÉE 121
    Vocabulary Recap 146
    Practice your Writing 154

HISTOIRE 6 : AMANDINE, VÉRITABLE FEMME D'AFFAIRES 155
    Vocabulary Recap 173
    Practice your Writing 181

HISTOIRE 7 : LES ENQUÊTES DE SARAH TURNER 182
    Vocabulary Recap 204
    Practice your Writing 213

CONCLUSION 214

HOW TO DOWNLOAD THE MP3? 215

HISTOIRE 1 : LÉA RECHERCHE UN EMPLOI // LÉA LOOKS FOR A JOB

Important !!! Please check at the end of the book how you can download the audio.

Pour Léa, le début des choses sérieuses commence véritablement. Elle vient tout juste de finir sa **Licence Universitaire** en **Administration Sociale** pour le **Secteur Associatif**. L'idéal pour elle serait de trouver un C.D.D dans un premier temps afin de gagner **de l'expérience professionnelle**. Après avoir obtenu un **baccalauréat en Économique et Social** puis enchaîné sur un **D.U.T** en Gestion des Entreprises et des Administrations, et conclu sa formation avec une Licence Professionnelle, il était temps pour elle de trouver du **boulot**. C'est une **tâche** qui nécessite du temps et de la conviction. Dans un premier temps, il lui fallait se constituer un C.V **présentable** afin de mettre en avant ses **compétences** comme ses **qualités**. Ceci, associé avec une très bonne **lettre de motivation** lui permettrait de trouver du **travail** rapidement.

Léa's life is starting to get serious. She has just finished her bachelor's degree in Social Administration for the Voluntary Sector. Ideally, she would first find a fixed-term contract to gain professional experience. Having obtained a baccalaureate in Economics and Social Sciences, then a Technology degree in Business Management and Administration, and having finished her education with a vocational degree, it was time for her to find a job. It's a task which requires time and conviction. Firstly, she had to build a presentable CV to highlight her skills as well as her qualities. This, combined with a very good cover letter, would help her find a job quickly.

Licence Universitaire : Bachelor's Degree
Administration Sociale : Social Administration
Secteur Associatif : Associative Sector
C.D.D (Contrat à Durée Déterminé) : Contract for a limited period of time
expérience professionnelle : professional experience
Baccalauréat Economique et Sociale : baccalaureate or License in Economic and Social
D.U.T (Diplôme Universitaire et Technologique) : Academic and Technology Degree
boulot : the work
tâche : task
présentable : presentable
compétence : qualification
qualité : quality
lettre de motivation : cover letter
travail : work

Le C.V est indispensable pour obtenir une **entrevue** professionnelle. Celui-ci se doit de **rassembler** l'ensemble des **informations personnelles** telles que **nom et prénom, adresse fixe, adresse mail, numéro de portable**...etc, mais aussi l'entièreté du **parcours scolaire**, ou professionnel, effectué dans les années précédentes. Les objectifs de Léa sont clairs. Déménager à Paris afin d'être sûre de trouver du travail, **postuler** à plusieurs **offres d'emploi** tout en s'aidant du **Pôle Emploi** qui recense une bonne partie des postes à pourvoir à ce jour. Mais il faudra aller vite, car le prix des loyers est élevé à Paris et un **salaire** fixe est plus que nécessaire pour subvenir à ses besoins. Le moment venu, elle préparera son **entretien** avec son ami Clément qui travaille actuellement dans une grosse

entreprise et connaît très bien la marche à suivre pour mener à bien un entretien **d'embauche.**

The CV is essential for gaining a job interview. It must must bring together all her personal information such as her first and last name, permanent address, email address, mobile phone number etc.... but also the entirety of her educational and professional background obtained in previous years. Léa's goals are clear. Move to Paris to be certain of finding work, apply for several job openings using the job center which lists a good number of up-to-date vacancies. But she must act quickly because the rent prices are higher in Paris and a fixed salary is vital to provide for her needs. When the time comes, she will prepare for her interview with her friend Clément, who currently works for a very large company and knows how to go about completing a job interview successfully.

entrevue professionnelle : job interview
rassembler : to bring together
informations personnelles : personal information
nom et prénom, adresse fixe, adresse mail, numéro de portable... : last name, first name, address, email, number phone
parcours scolaire : educational background
postuler : apply
offres d'emplois : jobs offers
Pôle Emploi : job center
pourvoir : fill
salaire : earning
entretien : interview
entreprise : company
embauche : to be contracted

Léa se devra **par ailleurs** de rédiger une **lettre de motivation**. Celle-ci permet à **l'employeur** de cerner les **intentions du postulant**, de juger de sa motivation et de sa **détermination**. La lettre de motivation est finalement aussi importante que le C.V. Elle doit être **synthétique** et très claire. Mais pour aujourd'hui, Léa a prévu d'effectuer de longues recherches pour son **métier** d'avenir. C'est le moment pour elle de réfléchir au nombre de **jours de congé** qu'elle désire, le **montant** de son salaire, **le cadre** dans lequel elle souhaite travailler, si ce travail permet d'obtenir des **primes** et quel genre de **contrat** elle devra signer.

Léa will also have to write a cover letter. This helps the employer to understand the intentions of the applicant, to judge their motivation and their determination. Ultimately, the cover letter is just as important as the CV. It must be concise and very clear. But for today, Léa has planned to do extensive research about her future job. It's time for her to reflect upon the number of vacation days she would like, the amount of her salary, the environment she wants to work in, if this job allows her to gain bonuses and what kind of contract she will have to sign.

par ailleurs : otherwise
lettre de motivation : cover letter
employeur : employer
intentions : intentions
postulant : applicant / candidate
détermination : determination
synthétique : synthetic
métier : job / work
jours de congés : holidays / rest days
montant : amount
cadre : context
primes : bonus
contrat : contract

Au début, Léa pensait trouver un **emploi saisonnier** pour débuter sa vie parisienne. Elle préférait trouver un boulot à **mi-temps** plutôt que de se retrouver au **chômage**. Et c'est vrai que l'été, à Paris, tous les bars et restaurants sont ouverts et il y a beaucoup **d'offres d'emploi**. Malheureusement, Léa a vite **renoncé** lorsqu'elle s'est rendu compte des **conditions de travail** que cela imposait. Un travail à **plein-temps** lui demanderait trop **d'investissement**. Après réflexion, il lui fallait trouver un travail qui répondait à ses attentes, un boulot dans lequel elle pourrait **faire carrière**. Ce qu'elle voulait, c'était obtenir un vrai **CDI, un contrat à durée indéterminée.**

At first, Léa was thinking of finding a seasonal job to begin her Parisian life. She would rather find a part-time job than find herself unemployed. And it's true that in the summer in Paris all the bars and restaurants are open and there are lots of job openings. Unfortunately, Léa quickly gave up when she realized the working conditions that this demanded. A full-time job would demand too much investment from her. After reflection, she had to find a job which corresponded to her expectations, a job in which she could make a career. What she wanted was to get a proper permanent contract.

emploi saisonnier : seasonal employment
mi-temps : part-time
chômage : unemployment
offres d'emplois : job offers
renoncé/renoncer : renounce(ed)
conditions de travail : working conditions
plein-temps : full-time
investissement : investments
faire carrière : to have/make a career
CDI, Contrat à Durée Indéterminée : permanent contract

Après une longue journée devant son ordinateur à **consulter** les sites et agences de **recrutement**, Léa est finalement **désespérée**. Elle n'a rien trouvé, si ce n'est que des offres d'embauches pour des **stagiaires**, des **apprentis** ou des **volontaires bénévoles**. Il n'y avait pour l'instant aucune offre dans le **secteur** associatif. Pourtant, avec une licence **en poche**, Léa pouvait facilement **pourvoir** à un poste de **coordinatrice sociale**, de **directrice d'Association** ou de **chargée** de **Projet**. Petit à petit, le doute **s'immisçait** en elle, qu'allait-elle faire si elle ne trouvait pas de travail ? Allait-elle se retrouver comme un sans-emploi ? **Impensable** ! Avait-elle assez d'expérience ? Devait-elle **prolonger** sa formation ?

After a long day on her computer browsing recruitment websites and agencies, Léa is finally feeling desperate. She found nothing except job openings for interns, apprentices or volunteers. For the moment, there were no openings in the voluntary sector. However, with a degree in the pocket, Léa was easily able to fill social coordinator, association executive or project manager roles. Little by little, the doubt crept in, what was she going to do if she couldn't find a job? Would she end up unemployed? That's unthinkable! Did she have enough experience? Should she further her education?

consulter : to consult
recrutement : recruitment
désespérée : desperate
stagiaires : trainees

Histoire 1 : Léa recherche un emploi // Léa looks for a job

apprentis : apprentices
volontaires / bénévoles : volunteers
secteur : sector
en poche : in the pocket
coordinatrice sociale : social coordinator
directrice : director
chargée de projet : project manager
s'immisçait / s'immiscer : interfered(ing) or intruded(ing)
impensable : unthinkable
prolonger : extend

Elle avait vu un grand nombre d'offres d'emploi. La banque de France recherchait à Paris un **Directeur de Banque**, le **centre des impôts** attendait un **Inspecteur du Travail**, il y avait des annonces pour des **femmes d'affaires**, des **employés de bureau**, des **secrétaires**, des **managers** et pleins d'autres encore, mais rien dans le secteur associatif ! C'était la panique pour Léa, car il ne lui restait plus que deux mois avant de s'installer à Paris et il fallait absolument qu'elle **décroche** un emploi ! Mais alors que le **désespoir** était à son **apogée**, voilà que le miracle finit par arriver. Là, ici, perdue dans la multitude des **formulaires** de **candidatures**, des **descriptions de postes** et des **annonces** saisonnières, une offre d'emploi en or ! **L'intitulé** était clair : Recherche un(e) Coordinateur/trice Social(e) pour l'association **humanitaire** des Petits frères des pauvres.

She had seen a large number of job openings. The Bank of France was looking for a bank manager in Paris, the Tax Center was hoping for a health and safety officer, there were adverts for businesswomen, office workers, secretaries, managers and even more, but nothing in the voluntary sector! Léa was panicking, because there were only two months before she moved to Paris and she absolutely had to get a job. But just as despair reached its peak, a miracle happened. There, lost in a multitude of application forms, job descriptions and seasonal adverts, was a golden job opportunity! The heading was clear: Looking for a Social Coordinator for the aid organization the International Federation of Little Brothers of the Poor.

directeur de banque : bank manager
centre des impôts : tax center
inspecteur du travail : health or safety officer
femme d'affaire : businesswoman

employé de bureau : office worker
secrétaire : secretary
manager : manager
désespoir : despair
apogée : climax, apogee or peak
formulaire de candidature : application form
description de poste : job description
annonce : ad, or offer
intitulé : entitled
humanitaire : humanitarian

« Eureka ! » s'est écriée Léa lorsqu'elle vu la **fiche de poste**. C'était incroyable, elle avait toujours voulu travailler dans l'humanitaire et **l'aide à la personne**, ce poste était fait pour elle. Sans hésitation, elle fit une **demande d'emploi** en envoyant sa lettre de motivation et son C.V dans l'espoir d'obtenir un **rendez-vous**. Elle avait toutes ses chances, toutes les **qualifications requises** et qui plus est, elle avait déjà effectué un **stage** identique qui lui permettait de prétendre qu'elle possédait les compétences professionnelles nécessaires pour ce travail. Qu'elle ne fut pas son **engouement** lorsque quelques heures plus tard, elle reçut un e-mail de **confirmation** comme quoi sa candidature avait été **acceptée**. Elle venait d'obtenir son premier entretien d'embauche !

"Eureka!" Léa cried out when she saw the job description. It was incredible, she had always wanted to do humanitarian and personal aid work, so this job was made for her. Without hesitation, she applied by sending her cover letter and CV in the hope of getting a meeting. She had every chance, all the necessary qualifications and moreover, she had already done an identical internship which allowed her to claim that she possessed the necessary professional skills for this job. Imagine her joy when a few hours later she received an email confirming that her application had been accepted. She had just gotten her first job interview!

fiche de poste : job description
aide à la personne : personal assistance
demande d'emploi : job application
rendez-vous : appointment
qualifications requises : required qualifications
stage : traineeship

engouement : enthusiasm
confirmation : confirmation
accepté : accepted

Très vite, elle se précipita vers son téléphone portable pour appeler son ami Clément. Celui-ci allait maintenant pouvoir l'aider à **préparer** son **entrevue** avec le **Directeur des Ressources Humaines** des Petits frères des pauvres.

Immediately, she rushed to her mobile phone to call her friend Clément. Now he was going to be able to help her prepare for her interview with the human resources manager of the Little Brothers of the Poor.

préparer : to prepare
entrevue : interview
directeur des ressources humaines : human resources manager

— Salut Clément, c'est Léa, tu vas bien ?

— Très bien et toi ?

— **Super bien** ! J'ai une très **bonne nouvelle** à t'annoncer !

— **Chouette**, dis-moi !

— Je viens **d'obtenir** un entretien d'embauche ! Et j'ai besoin de ton aide, tu es d'accord ?

— Bien sûr, **c'est génial**. Quand souhaites-tu que je vienne chez toi ?

— Dès que tu le peux !

— Très bien, alors j'arrive **tout de suite** !

— **À très vite** ! Bises.

"Hi Clément, It's Léa, how are you?"

"Very well, yourself?"

"So good! I have great news to tell you!"

"Nice, tell me!

"I just got a job interview! And I need your help, is that okay with you?"

"Of course, that's awesome. When do you want me to come to your place?"

"As soon as you can!"

"Great, I'll be there right away!"

"See you very soon!"

super bien : great
bonne nouvelle : good news
chouette : nice
obtenir : to get
c'est génial : that's great
tout de suite : right now
à très vite : see you soon

Clément est arrivé quelques minutes plus tard, il n'habitait pas très loin et aujourd'hui, c'était son jour de **RTT** donc il ne travaillait pas. Clément est actuellement le **directeur général** dans une grosse **société** et il connaît toutes les **astuces** pour réaliser un entretien sans faute. C'est alors qu'ils **révisèrent** ensemble durant toute une après-midi toutes les choses à savoir pour un entretien d'embauche. Clément lui a fait un **inventaire** de toutes les questions qu'on allait certainement lui poser : Dites-moi quelque chose **à propos de vous**? À partir de quand êtes-vous **disponible** ? Quels sont vos **défauts** et vos **qualités** ? Vous avez des **centres d'intérêt** ? **Pratiquez**-vous plusieurs langues ? Avez-vous des questions ?

Clément arrived a few minutes later, he didn't live very far away and today was his compensatory time off, so he wasn't working. Clément is currently the managing director in a large company, and he knows all the tips to achieve a flawless interview. Then, together, they spent a whole afternoon revising everything that you need to know for a job interview. Clément made a list of all the questions that she would definitely be asked: Tell me something about yourself? When are you available from? What are your strengths and weaknesses? Do you have any hobbies? Do you speak a number of languages? Do you have any questions?

RTT (Récupération du Temps de Travail) : recuperation of working hours

directeur général : director
société : company
révisèrent / réviser : to revise
inventaire : inventory
à propos de vous : about you
disponible : available
défauts / qualités : weaknesses / strengths
centres d'intérêts : hobbies, interests
pratiquez / pratiquer : (to) practice

Sans relâche, Léa et Clément ont travaillé tout le week-end. Clément lui a conseillé de poser des questions, cela **témoignait** d'un intérêt certain et **rassurait** l'employeur. Et surtout, cela lui permettrait d'obtenir **au préalable**, toutes les informations sur le poste. Quand puis-je **commencer** ? Quelles sont les **heures de travail** ? Ai-je droit à des jours de congé pour les **vacances** et la **maladie** ? Est-ce qu'il y a des **indemnités** ?

Léa and Clément worked for the whole weekend without rest. Clément advised her to ask questions, this demonstrates a certain interest and reassures the employer. And in particular, it would allow her to get all the information about the job in advance. When can I start? What are the working hours? Am I allowed days off for holiday and sickness? Are there any employee benefits?

témoignait(er) : to testify(ied)
rassurait(er) : to reassure(ed)
au préalable : first, before (in advance)
commencer : to begin
heures de travail : hours of work
vacances : holidays, vacation
maladie : sick leave
indemnités : employee benefits

—« Surtout, n'hésite pas à **manifester** ton intérêt pour le poste » lui avait dit Clément. Montre que tu es **curieuse**, **entreprenante**, **dynamique** et **volontaire**. Et n'oublie pas de remercier ton **interlocuteur** à la fin. Il faut que tu fasses **bonne impression** !

"In particular, don't hesitate to demonstrate your interest in the role," Clément said to her. "Show that you are curious, enterprising, dynamic and willing. And don't forget to thank your interviewer at the end. You need to make a good impression."

manifester : to speak about, to demonstrate
curieuse : curious
entreprenante : enterprising
dynamique : dynamic
volontaire : voluntary / willing
interlocuteur : interlocutor
bonne impression : good impression

Léa prit soin de tout noter, car elle pourrait réviser quelques jours encore, son entretien n'ayant lieu que la semaine prochaine.

— Bien sûr, tu devras chercher des **renseignements** sur l'association qui t'embauche avait ajouté Clément. Fais des recherches sur son nombre **d'employés**, à quel **public** s'adresse-t-elle, qui est le directeur, qui est ton **supérieur** ? Quelles sont ses différentes **implantations** en France, existe-t-elle à l'étranger ?

Léa made sure to note everything down because she could revise for a few more days, with her interview not taking place until the next week.

"Of course, you should do some research about the organization which is hiring you," Clément added. "Do some research on the number of employees it has, who is its target market, who is the manager, who is your boss? Where are the different offices in France, do they exist abroad?"

renseignement : information
employé : employee
public : public
supérieur : superior
implantations : offices, implantations

Clément était vraiment de bon conseil, il connaissait tout. Cela ne faisait **aucun doute**, Léa ne pouvait que réussir son entretien.

— Aussi, pense à choisir des **vêtements** qui correspondront à ton travail. Ne viens pas avec des **sandales**, et ne mets pas non plus une **robe de soirée** ! Continuait Clément.

C'est vrai, Léa avait oublié de penser aux vêtements qu'elle allait choisir. C'était un véritable **cauchemar** pour elle. Ni une ni deux, elle se précipita le jour suivant pour choisir **l'accoutrement** parfait pour son entretien. Des habits classiques feraient largement l'affaire. Le grand jour approchait à grand pas. Léa avait **retranscrit** dans un petit cahier toutes les choses à ne pas oublier, l'adresse du **siège social** où elle effectuerait son entretien, les noms du directeur et de son manager, l'équipe qu'elle aurait en charge, les **aptitudes** qu'elle devait **maîtriser**. Le poste demandait une vraie expérience. Léa devrait savoir comment **gérer** une équipe, faire de la **comptabilité**, faire un **rapport hebdomadaire** sur l'avancement de ses activités, **organiser** des réunions, diriger des conférences, **établir** des diagnostiques et analyser des **statistiques**. Ça paraissait compliqué, mais c'était exactement ce que Léa voulait faire dans sa vie.

Clément gave really good advice, he knew everything. There was no doubt about it, Léa could only do well in her interview.

"Also, think about choosing clothes which suit the job. Don't come in sandals, and don't wear an evening dress either!" Clément continued.

It's true that Léa had forgotten to think about the clothes she was going to choose. This was a real nightmare for her. Without a second thought, she rushed out the next day to choose the perfect outfit for her interview. Classic-style clothes would do the trick. The big day was fast approaching. Léa had coped all the things to remember in a notebook: the address of the head office where her interview would take place, the names of the director and her manager, the team she would be in charge of, the skills she had to master. The role demanded real experience. Léa needed to know how to manage a team, do booking, make a weekly report on the progress of her activities, organize meetings, lead conferences, establish diagnoses and analyze statistics. This appeared complicated, but it's exactly what Léa wanted to do in life.

aucun doute : no doubt
vêtements : clothes
sandales : sandals
robe de soirée : evening dress
cauchemar : nightmare

accoutrement : outfit
retranscrit : transcribed
siège social : the head office
aptitudes : skills
maîtriser : to control (to master)
rapport hebdomadaire : weekly report
organiser : to organize
établir : to set or establish
statistiques : statistics

Enfin, nous étions mercredi, le jour tant attendu. Léa était tellement **excitée** qu'elle n'avait pas dormi de la nuit. Elle avait un train à prendre à huit heures en direction de Paris. Son entretien n'était qu'à quatorze heures trente. Elle avait **commandé** un taxi qui une fois arrivée à la gare de Paris, **l'emmènerait** directement au bon endroit. Il faut dire que Léa possédait un véritable **sens de l'organisation**, c'était l'une de ses qualités premières. Ses **valises** fermées, elle était prête à partir. Le train quitta le quai de la gare à l'heure. Il y eut quelques minutes de retard à l'arrivée mais Léa avait prévu de la marge au cas où. Comme convenu, le taxi la récupéra devant la gare et la déposa devant le siège social des Petits frères des pauvres. Plus que quelques minutes, et **l'avenir** de Léa serait fixé. Elle prit une grande **inspiration** et s'élança sans plus attendre vers la salle d'attente. L'instant d'après, une femme portant un **tailleur** bleu marine lui fit signe de la rejoindre dans son bureau. L'entretien allait commencer ! Léa se leva pour la **rejoindre**. Son coeur battait **fortement**. Le stress **s'empara** quelques secondes d'elle, puis dans un effort surhumain, elle se **concentra** sur ce qu'elle devait faire.

Finally, it was Wednesday, the long-awaited day. Léa was so excited that she didn't sleep that night. She had a to catch a train to Paris at eight o'clock in the morning. Her interview wasn't until two thirty in the afternoon. She ordered a taxi which, once it arrived at the Paris train station, would take her straight to the right place. It must be said that Léa had a real sense of organization, it was one of her main qualities. With her suitcases closed, she was ready to leave. The train left the station platform on time. It arrived a few minutes late, but Léa had planned for a delay just in case. As agreed, the taxi picked her up in front of the station and dropped her off at the Little Brothers of the Poor's headquarters. Only a few minutes more and Léa's future would be set. She took a deep breath and moved towards the waiting room without further ado. A moment later, a woman wearing a navy-blue suit signaled for her to join her in her office. The interview was about to start! Léa stood up to join her. Her heart was pounding. The stress took hold of her for a few seconds, then in a superhuman effort, she concentrated on what she had to do.

excitée : excited
commandé : ordered
emmener : to bring
sens de l'organisation : sense of organization
valises : bags
avenir : the future
inspiration : take a breath
tailleur : suit, tailor
rejoindre : rejoin
fortement : strongly
s'emparer : to take, to grab
se concentrer : to concentrate

— « Mademoiselle, bonjour. » commença son **interlocutrice**. Je me nomme Barbara et je suis la Directrice des ressources humaines de l'association.

— Bonjour, **enchantée**, répondit Léa en tendant la main comme le lui avait conseillé Clément.

— Vous pouvez vous asseoir. Alors, Léa Martin, c'est bien cela ? demanda la directrice.

— Tout à fait, répondit Léa, le dos bien droit et **redressée** sur sa chaise afin de paraître ferme et **assurée**.

— Donc vous venez d'obtenir une licence professionnelle, vous avez effectué un stage durant votre **cursus universitaire**... dit la directrice tout en **regardant** les feuilles du C.V que Léa avait envoyé. Bien, pouvez-vous me dire ce qui vous a poussé à postuler pour ce travail ? demanda-t-elle.

Bingo ! Clément lui avait justement posé cette question pendant leur **répétition**, il avait vraiment tout **anticipé**. **Rassurée**, Léa débuta son argumentation.

"Miss, hello," her interviewer began. "I am Barbara and I am the organization's Director of Human Resources."

"Hello, nice to meet you," Léa replied holding out her hand as Clément advised her.

"You can sit down. So, you're Léa Martin, right?" the Director asked.

"Yes, that's right," Léa responded, with her back upright on her chair to appear firm and assured.

"So, you have just obtained a vocational degree, you did an internship during your university course..." the Director said whilst looking at the pages of the CV Léa had sent. "Okay, can you tell me what motivated you to apply for this job?" she asked.

Bingo! Clément had asked her this very question during their rehearsal, he really had anticipated everything. Reassured, Léa began to tell her why.

enchantée : pleased
redressée : upright, straightened
assurée : assured
cursus universitaire : studies
regardant : watching
répétition : repetition
anticipé : advance, anticipated
rassurée : relieved / reassured

— Bien sûr. L'humanitaire est un milieu qui m'a toujours **attiré**, à vrai dire, **j'ai toujours voulu** travailler dans ce **secteur**. Comme vous l'avez dit, j'ai **participé** à plusieurs stages, mais aussi à diverses actions bénévoles dans le cadre associatif. Le monde du Social est pour moi une véritable source d'inspiration, tant du point de vue professionnel que personnel.

"Of course. To be honest, humanitarian aid is a field that has always attracted me, I have always wanted to work in this sector. Like you said, I participated in several internships, but also in diverse charitable activities in the voluntary sector. The world of Social Aid is a real source of inspiration for me, as much from a professional point of view as personal one."

attirée : attracted
j'ai toujours voulu : I've always wanted

Histoire 1 : Léa recherche un emploi // Léa looks for a job

participer : to participate

— Je vois, vous avez raison. Nous recherchons justement quelqu'un qui possède de hauts idéaux et une **ambition** certaine pour évoluer dans le milieu du social et de la **solidarité**, répondit la directrice qui ne cacha en rien sa satisfaction. Sachez tout de même que ce poste demande de travailler **sous pression** avec des **délais serrés**. Comment comptez-vous **faire face** à cela ?

"You're right. We are looking for someone who has big ideas and a certain ambition to develop in the social and solidarity field," responded the Director, who didn't hide her satisfaction. "Just know that this role demands working under pressure with tight deadlines as well. How do you plan to deal with this?"

ambition : ambition
solidarité : solidarity
sous pression : under pressure
délais serrés : tight deadlines
faire face : to cope

— Ce n'est pas un problème pour moi rétorqua Léa. Je pense avoir le **profil idéal** pour répondre à ce genre de **problématique**. Je dirais que ma force **réside** dans l'action, plus le travail est dynamique, plus je suis apte à **faire valoir** mes capacités. J'aime être dans le **vif**.

"It's not a problem for me," Léa retorted. "I think I have the ideal profile to respond to this kind of problem. I would say that my strength lies in action, the more the dynamic the work, the more I am able to demonstrate my abilities. I like being in the thick of it."

profil idéal : ideal profile
problématique : problematic
réside : resides
faire valoir : to assert
vif : lively, vivid

— Avez-vous déjà rencontré des problèmes majeurs dans vos **diverses** expériences ? demanda la directrice.

"Have you already encountered major problems in your various experiences?" the Director asked.

diverses : various

— Très honnêtement, non. Tout mon travail **consiste** à anticiper les problèmes pour les **résoudre** au mieux. C'est en toute **modestie** aujourd'hui que je peux dire que chaque problème possède ses propres solutions. Argumenta Léa.

"To be perfectly honest, no. All of my work has consisted of anticipating problems so as to resolve them as effectively as possible. I can say today that, in all modesty, every problem has its own solution," Léa reasoned.

consiste à : consist of
résoudre : to resolve
modestie : modesty

— En effet, très intéressant. Et comment concevez-vous vos **relations professionnelles** avec vos **collègues** et votre **hiérarchie** ?

— Je suis à l'écoute de mes supérieurs et suis parfaitement capable de suivre leurs **directives**. Je peux aussi travailler de manière **autonome**. **L'adaptabilité** est une de mes qualités.

— Votre profil est réellement intéressant. Je vois que vos compétences sont nombreuses et vous semblez faire preuve d'un réel sens de l'organisation. Seriez-vous prête à **assumer** ce poste ?

"Indeed, very interesting. And how do you perceive your professional relationships with your colleagues and your superiors?"

"I am responsive to my superiors and am perfectly capable of following their guidelines. I can also work autonomously. Adaptability is one of my qualities."

"Your profile is really interesting. I see that you have numerous skills and you seem to demonstrate a real sense of organization. Would you be ready to take on this position?"

relations professionnelles : professional relationships
collègues : colleagues

hiérarchie : hierarchy
directives : guidelines
autonome : autonomous, standalone, independent
adaptabilité : adaptability

— **Sans hésitation**. répondit Léa.

— Avez-vous quelques questions ?

— Oui, **si je puis me permettre**. Quels sont les horaires de travail ?

— Nous vous proposons un trente-neuf heures par semaine, si cela vous convient, avec un jour de **récupération** toutes les deux semaines.

— C'est parfait. Et concernant les **vacances** ?

— Cinq semaines par an, tel que le **code du travail** le **stipule**.

— « Je vous remercie beaucoup. **Je suis ravie** d'avoir fait votre connaissance » dit Léa.

— **Ce fut un plaisir,** nous vous informerons très prochainement de notre décision. « Très bonne journée à vous » répondit la directrice et accompagnant Léa vers la sortie.

— Merci encore, bonne journée.

"Without hesitation." Léa responded.

"Do you have any questions?"

"Yes, if I may? What are the working hours?"

"We offer a thirty-nine-hour week, if that suits you, with one recovery day every fortnight."

"That's perfect. And what about holidays?

"Five weeks per year, as the labor code stipulates."

"Thank you very much. I am glad to have met you," Léa said.

"It was a pleasure; we will inform you of our decision very soon. Have a great day," replied the Director accompanying Léa to the exit.

"Thanks again, have a nice day."

sans hésitation : without hesitation
si je puis me permettre : if I may
récupération : recovery
vacances : vacation, holidays
code du travail : labor code
stipuler : stipulate
je suis ravie : I'm glad
ce fut un plaisir : it was a pleasure

C'était gagné, Léa pouvait le sentir. L'entretien s'était magnifiquement bien déroulé et la directrice avait laissé entendre que Léa obtiendrait **probablement** le poste. Sans plus attendre, elle appela ses parents pour les mettre au courant. Les jours suivants furent **terribles**, Léa vérifiait son téléphone portable toutes les demi-heures, jusqu'à que trois jours plus tard, la nouvelle arriva. Un numéro inconnu **s'affichait** sur son écran de téléphone, le coeur, battant, Léa décrocha.

She'd got it, Léa could sense it. The interview went magnificently, and the Director let her know that Léa would probably get the job. Without waiting any longer, she called her parents to keep them up to date. The following days were terrible, Léa checked her mobile phone every half an hour, until three days later, the news arrived. An unknown number appeared on her phone screen, her heart beating, Léa picked up.

probablement : probably
terrible : terrible
s'afficher : appear

— Oui allo ? dit-elle.

— Bonjour mademoiselle Martin, ici Barbara, la directrice des Petits frères des pauvres.

— Bonjour.

— J'espère que vous vous portez bien. Je me permets de vous appeler pour vous **informer** que vous avez été sélectionné pour le poste de Coordinatrice Sociale, vous commencez le mois prochain.

— C'est une très bonne nouvelle, je vous en remercie.

— Tout le plaisir est pour nous. Je vous laisse prendre vos **dispositions**. L'association est **impatiente** de vous accueillir.

— Merci beaucoup. À très bientôt.

Le téléphone raccroché, Léa ne put s'empêcher de sauter de joie ! Son **objectif** était atteint et son rêve allait pouvoir commencer. Elle reçut dans la journée les **informations relatives** à son poste **comprenant**, le montant exact de son **salaire brut** ainsi qu'un contrat d'embauche à signer. Deux mois plus tard, Léa organisait **une fête** dans son nouvel appartement à Paris, le jour même où elle reçut son premier **bulletin** de **paie**. Clément fut bien sûr son **invité** d'honneur qu'elle ne **cessa** de remercier. La vraie vie venait de débuter pour Léa !

"Yes, hello?" She said.

"Hello Miss Martin, It's Barbara, the Director of Little Brothers of the Poor."

"Hello."

"I hope you are well. I am calling to inform you that you have been selected for the Social Coordinator position, you start next month."

"That's great news, thank you."

"It's our pleasure. I'll leave you to make your arrangements. The organization can't wait to have you."

"Thanks a lot. See you soon."

Having hung up the phone, Léa couldn't help but jump for joy! She achieved her goal, and her dream was about to begin. Later that day, she received the information regarding her position including the exact amount of her gross salary as well as a job contract to sign. Two months later, Léa organized a party in her new apartment in Paris, the same day she received her first pay cheque. Clément was of course her guest of honor, whom she couldn't stop thanking. Real life is just beginning for Léa.

vous vous portez bien : you are well

informer : to inform
sélectionné : selected
prendre ses dispositions : to take his/her measures
impatiente : impatient
s'empêcher : to prevent oneself
objectif : goal, objective
informations relatives : informations about, on, concerning...
comprenant : including
salaire brut : salary before deductions and social charges
une fête : a party
bulletin de paie : payslip
invité : guest
cesser : to cease

VOCABULARY RECAP

Licence Universitaire : Bachelor's Degree

Administration Sociale : Social Administration

Secteur Associatif : Associative Sector

C.D.D (contrat à durée déterminé) : Contract for a limited period of time

Expérience professionnelle : professional experience

Baccalauréat Economique et Sociale : Baccalaureate or License in Economic and Social

D.U.T (Diplôme Universitaire et Technologique) : Academic and Technology Degree

boulot : the work

tâche : task

présentable : presentable

compétence : qualification

qualité : quality

lettre de motivation : cover letter

travail : work

entrevue professionnelle : job interview

rassembler : to bring together

informations personnelles : personal information

nom et prénom, adresse fixe, adresse mail, numéro de portable... : last name, first name, address, email, number phone

parcours scolaire : educational background

postuler : apply

offres d'emplois : jobs offers

Pôle Emploi : Job Center

pourvoir : fill

salaire : earning

entretien : interview

entreprise : company

embauche : to be contracted

par ailleurs : otherwise

lettre de motivation : cover letter

employeur : employer

intentions : intentions

postulant : applicant / candidate

détermination : determination

synthétique : synthetic

métier : job / work

jours de congés : holidays / rest days

montant : amount

cadre : context

primes : bonus

contrat : contract

emploi saisonnier : seasonal employment

mi-temps : part-time

chômage : unemployment

offres d'emplois : job offers

renoncé/renoncer : renounce(ed)

conditions de travail : working conditions

plein-temps : full-time

investissement : investissements

faire carrière : to have/make a career

CDI, contrat à durée indéterminée : permanent contract

consulter : to consult

recrutement : recruitment

désespérée : desperate

stagiaires : trainees

apprentis : apprentices

volontaires / bénévoles : volunteers

secteur : sector

en poche : in the pocket /

coordinatrice sociale : social coordinator

directrice : director

chargée de projet : project manager

s'immisçait / s'immiscer : interfered(ing) or intruded(ing)

impensable : unthinkable

prolonger : extend

directeur de banque : bank manager

centre des impôts : tax center

inspecteur du travail : health or safety officer

femme d'affaire : businesswoman

employé de bureau : office worker

secrétaire : secretary

manager : manager

désespoir : despair

apogée : climax, apogee or peak

formulaire de candidature : application form

description de poste : job description

annonce : ad, or offer

intitulé : entitled

humanitaire : humanitarian

fiche de poste : job description

aide à la personne : personal assistance

demande d'emploi : job application

rendez-vous : appointment

qualifications requises : required qualifications

stage : traineeship

engouement : enthusiasm

confirmation : confirmation

accepté : accepted

préparer : to prepare

entrevue : interview

directeur des ressources humaines : human resources manager

uper bien : great

bonne nouvelle : good news

chouette : nice

obtenir : to get

c'est génial : that's great

tout de suite : right now

à très vite : see you soon

RTT (récupération du temps de travail) : recuperation of working hours

directeur général : director

société : company

révisèrent / réviser : to revise

inventaire : inventory

à propos de vous : about you

disponible : available

défauts / qualités : weaknesses / strengths

centres d'intérêts : hobbies, interests

pratiquez / pratiquer : (to) practice

témoignait(er) : to testify(ied)

rassurait(er) : to reassure(ed)

au préalable : first, before (in advance)

commencer : to begin

heures de travail : hours of work

vacances : holidays, vacation
maladie : sick leave
indemnités : benefits
manifester : to speak about, to demonstrate
curieuse : curious
entreprenante : enterprising
dynamique : dynamic
volontaire : voluntary
interlocuteur : interlocutor
bonne impression : good impression
renseignement : information
employé : employee
public : public
supérieur : superior
implantations : offices, implantations
aucun doute : no doubt
vêtements : clothes
sandales : sandals
robe de soirée : evening dress
cauchemar : nightmare
accoutrement : outfit
retranscrit : transcribed
siège social : the head office
aptitudes : skills
maîtriser : to control (to master)
rapport hebdomadaire : weekly report
organiser : to organize
établir : to set or establish
excitée : excited

commandé : ordered

emmener : to bring

sens de l'organisation : sense of organization

valises : bags

avenir : the future

inspiration : take a breath

tailleur : suit, tailor

rejoindre : rejoin

fortement : strongly

s'emparer : to take, to grab

se concentrer : to concentrate

enchantée : pleased

redressée : upright, straightened

assurée : assured

cursus universitaire : studies

regardant : watching

répétition : repetition

anticipé : advance, anticipated

rassurée : relieved / reassured

attirée : attracted

j'ai toujours voulu : I've always wanted

participer : to participate

ambition : ambition

solidarité : solidarity

sous pression : under pressure

délais serrés : tight deadlines

faire face : to cope

profil idéal : ideal profile

problématique : problematic

réside : resides
faire valoir : to assert
vif : lively, vivid
diverses : various
consiste à : consist of
résoudre : to resolve
modestie : modesty
relations professionnelles : professional relationships
collègues : colleagues
hiérarchie : hierarchy
directives : guidelines
autonome : autonomous, standalone, independent
adaptabilité : adaptability
sans hésitation : without hesitation
si je puis me permettre : if I may
récupération : recovery
vacances : vacation, holidays
code du travail : labor code
stipuler : stipulate
je suis ravie : I'm glad
ce fut un plaisir : It was a pleasure
probablement : probably
terrible : terrible
s'afficher : appear
vous vous portez bien : you are well
informer : to inform
sélectionné : selected
prendre ses dispositions : to take his/her measures
impatiente : impatient

s'empêcher : to prevent oneself

objectif : goal, objective

informations relatives : informations about, on, concerning...

comprenant : including

salaire brut : salary before deductions and social charges

une fête : a party

bulletin de paie : payslip

invité : guest

cesser : to cease

Histoire 1 : Léa recherche un emploi // Léa looks for a job

PRACTICE YOUR WRITING

Write a short summary of this story. Do not paraphrase please.

Sample:

Tout n'est plus comme avant pour Léa, les choses sérieuses vont pouvoir commencer. Cette année, Léa vient de terminer ses études avec l'obtention de sa licence professionnelle. Alors déjà détentrice d'un baccalauréat en économique et social ainsi qu'un D.U.T, elle se dit pouvoir capable de trouver désormais du travail. Ses projets sont simples, s'installer à Paris, la capitale, et trouver un CDI. Elle envisage éventuellement de trouver un boulot saisonnier mais un vrai poste en tant que coordinatrice serait plus confortable pour elle. Malheureusement, ce n'est pas si facile que cela. Les loyers sont chers à Paris, un travail saisonnier ne serait pas suffisant. Et les offres d'emplois que Léa a pu consulter jusqu'à maintenant ne sont pas celles que Léa souhaiterait. Le temps passe, mais heureusement, à force de patience, une annonce idéale se présente, c'est l'occasion rêvée. Un poste de coordinatrice en développement social vient de s'ouvrir dans l'Association des etits frères des pauvres à Paris. Par chance, Léa a un ami, Clément, qui travaille dans une grosse entreprise, qui connaît tout des entretiens d'embauche. C'est ainsi que Léa et Clément vont répéter des jours durant afin que Léa puisse être parfaite le jour de son entretien, et obtenir son poste de rêve, et qui plus est, son premier contrat d'embauche de longue durée.

HISTOIRE 2 : UN PETIT TOUR À LA CAMPAGNE ?! // A SHORT TRIP TO THE COUNTRYSIDE?!

Aujourd'hui, c'est le premier jour des grandes vacances pour Lucas. Lucas est un jeune homme plutôt **sympathique** qui a grandi la majeure partie de sa vie à Paris. Mais pour cette année, Lucas s'est fixé un **défi** de taille, il part en camping en pleine nature, dans la **campagne** française. Sauf qu'à la campagne, on ne parle pas comme à la ville, Lucas a été **mis au parfum**, comme on dit !

Today is the first day of the summer vacation for Lucas. Lucas is a rather friendly young man who has grown up for the majority of his life in Paris. But this year, Lucas has set himself a big challenge, he is going camping in the great outdoors, in the French countryside. Except that Lucas had been told that in the countryside they don't speak like they do in the city.

sympathique : friendly
campagne : countryside

Histoire 2 : Un petit tour à la campagne ?! // A short trip to the countryside?!

mis au parfum : put at fragrance = (to inform)

Pour ce faire, Lucas a révisé pendant de longues journées le **jargon** des **campagnards** ! Mais au départ, ce n'était pas gagné. Son amie Marine s'était même moquée de lui.

To do this, Lucas has been revising the countryside lingo for many days! But at the start, he got it wrong. His friend Marine even made fun of him.

jargon : lingo, jargon
campagnards : countrymen, rustics

— J'y arriverais jamais ! C'est trop compliqué. Se lamentait Lucas.

— Mais si ! C'est facile Lucas. Arrête de pleurnicher, tu ne vas tout de même pas nous **chier** une **pendule** ! avait dit Marine en rigolant.

— Alors là, **les bras** m'en **tombent** ! S'est écrié tout de suite Lucas qui venait de se rappeler l'une des phrases qu'il avait apprise.

— Et bien tu vois, ça ne casse pas trois pattes à un canard !

— Un canard à trois pattes ?! S'est exclamé Lucas, ne comprenant pas ce que voulait dire Marine.

— Ah bah ! **Vous n'avez pas inventé le fil à couper le beurre vous !**

— Quoi ?! Je ne comprends rien ! dit Lucas.

"I'll never get it! It's too complicated," whined Lucas.

"You will! It's easy, Lucas. Stop whining, don't get annoyed over nothing!" Marine said laughing.

"I cannot believe it!" Lucas cried out, having just remembered one of the phrases he had learned.

"There you go, it's not rocket science!"

"It's not rocket science?" exclaimed Lucas, who didn't understand what Marine meant.

"Ah! You didn't invent the wheel!"

"What?! I don't understand at all!" said Lucas.

pleurnicher : whining

chier une pendule : shit a pendulum = to get angry about something insignificant

les bras m'en tombent : my arms are falling = to be surprised

ça ne casse pas trois pattes à un canard : it does not break three legs to a duck : it's not too hard

vous n'avez pas inventé le fil à couper le beurre vous : you did not invent the cheese wire = you are not intelligent

Mais tout de même, Lucas avait fini par enregistrer quelques expressions pour son petit voyage. Ses **valises** prêtes, il ne lui restait plus qu'à partir pour **récupérer** son train. Cinq heures plus tard, Lucas arrivait en pleine **cambrousse**, au milieu de l'Auvergne et son fameux parc des volcans. Un taxi est venu le chercher à la gare et l'a déposé dans un **gîte** qui faisait **chambre d'hôte**. Un monsieur **bien en chair** est venu l'accueillir. Il avait le visage bien rond et des joues rouges, un vrai **portrait craché** d'un bon vieux campagnard !

But Lucas memorized a few expressions for his little trip, nonetheless. With his suitcases ready, he only had to catch his train. Five hours later, Lucas arrived in the outback, in the middle of Auvergne and its famous volcano park. A taxi picked him up at the station and dropped him off at a cottage which was a bed and breakfast. A fat man came to welcome him. He had a round face with red cheeks, the spitting image of a good old country man!

valises : bags, suitcases

récupérer son train = take his train

cambrousse : outback

volcans : volcanoes

gîte : lodging/cottage

chambre d'hôtes : bed and breakfast(guestroom)

bien en chaire : well pulpit / fleshy = fat

portrait craché : spitting image = look perfectly alike

— Bien le bonjour petit gars ! S'est exclamé **l'aubergiste**.

Histoire 2 : Un petit tour à la campagne ?! // A short trip to the countryside?!

— Enchanté de faire votre connaissance. a répondu Lucas très poliment. Ce village m'a l'air très sympathique, il y a des choses à visiter dans les alentours ?

— Arf ! S'est **esclaffé** l'aubergiste. Y'a rien à faire dans le coin ! **On se fait chier comme des rats morts** !

— Des rats morts ? Se mit à penser Lucas. Se faire chier comme des rats morts, ça me dit quelque chose. Ah ! Je crois que je viens de faire tilt !

— « Ah, oui, je vois. » a répondu Lucas **de manière hasardeuse**.

"Well hello, young man!" said the innkeeper.

"Delighted to meet you," Lucas replied very politely. "This village looks really pretty, are there things around here to visit?"

"Oof!" the innkeeper guffawed, "There's nothing to do around here! We're as bored as dead rats!"

"Dead rats?" Lucas started thinking to himself. "To be as bored as dead rats, that rings a bell. Ah! I think it's just clicked!"

"Ah, yes, I see." Lucas replied, uncertainly.

aubergiste : innkeeper, the owner of the hostel
esclaffé : guffawed
on se fait chier comme des rats morts : we are bored like dead rats = we are bored
faire tilt : ring a bell in one's mind = to understand/it became clear
de manière hasardeuse : haphazardly

— « Moi je vous le dis, en venant ici, vous vous êtes **mis dans de beaux draps** ! » a ajouté l'aubergiste.

— Il n'y va pas avec le dos de la cuillère, je ne comprends rien à ce qu'il dit. Songeait Lucas. « Ah ! Vous avez de la **literie** de qualité, c'est super ! » a-t-il répondu.

— « De la belle literie ? » s'est interloqué l'aubergiste.

— Vous venez de me dire que je m'étais mis dans de beaux draps en venant ici n'est-ce pas ?

— Oula ! Vous n'avez pas inventé la poudre vous ! S'est moqué l'aubergiste. Être dans de beaux draps, ça veut dire être mal barré !

— Mal barré ! Mais ça veut dire quoi ? S'est écrié Lucas, complètement perdu.

— Sur qui je suis tombé ! Mal barré, c'est à dire dans une mauvaise situation quoi !

Lucas avait beau avoir révisé ses leçons en expressions bizarres, les débuts n'étaient quand même pas faciles. Mais déterminé, il n'a pas baissé les bras pour autant. Après cette première entrevue, l'aubergiste lui a proposé de visiter les lieux.

"I'll tell you're wrapping yourself in nice sheets coming here!" the innkeeper added.

"I can't beat around the bush, I don't understand anything he is saying," Lucas thought to himself.

"Ah! You have good quality bedding, that's great!" he replied.

"Good quality bedding?" the innkeeper asked.

"You just said to me that I was wrapping myself in nice sheets by coming here, right?"

"Oh! You're not very intelligent!" the innkeeper joked. "To be in nice sheets means to be in a deep water!"

"In deep water! But what does that mean?" Lucas cried out, completely lost.

"Who have I come across! In deep water means to be in a difficult situation!"

Lucas may well have revised his lessons in bizarre expressions, but it wasn't an easy start. But, determined, he did not give up. After this first meeting, the innkeeper offered to take him around the sites.

il n'y va pas avec le dos de la cuillère : he is not going with the back of the spoon = he is not going slowly

literie : bedding

vous n'avez pas inventé la poudre vous : you have not invented the gun powder = to be stupid (you are not intelligent)

être mal barré : be off to a bad start = be in a difficult/tough situation

Histoire 2 : Un petit tour à la campagne ?! // A short trip to the countryside?!

baissé les bras : fall the arms = given up
les lieux : places

— Je vous fais **faire le tour du propriétaire** p'tit gars ?!

— Euh... avait balbutié Lucas.

— Je vous fais visiter quoi, a expliqué l'aubergiste, un sourire affiché.

C'est ainsi que Lucas s'est mit à suivre l'aubergiste qui racontait sa vie tout en lui faisant visiter. Le gîte présentait plutôt bien et Lucas en était rassuré. Il avait peur d'arriver dans un **taudis** perdu au milieu d'une forêt mais ce n'était finalement pas le cas. Quelques minutes plus tard, l'aubergiste a conduit Lucas vers sa chambre pour qu'il puisse s'installer.

— Bien ! Voici votre **piaule** ! dit-il, puis il a ajouté, au vu de la tête que faisait Lucas. **Ne faites pas cette mine** ! Vous allez vous y faire à la campagne, une piaule, ça veut dire une chambre ! Allez, je vous attends à 20h pour **casser la croûte** !

"Shall I take you on a tour of the property?"

"Erm..." Lucas tripped over his words.

"I'm showing you around," the innkeeper explained, with a smile on his face.

And so, Lucas started to follow the innkeeper, who told him of his life whilst showing him around. The cottage presented rather well, and Lucas was reassured by this. He was afraid of arriving in a dump lost in the middle of a forest but ultimately this was not the case. A few minutes later, the innkeeper took Lucas to his room so he could settle in.

"Okay! Here are your digs," he said, then, having seen the face Lucas was making, he added: "Don't make that face! You'll get used to it in the countryside, 'digs' means a bedroom! Come on, I'll expect you at 8pm to break bread."

faire le tour du propriétaire : go around the owner = to visit the place
gars : guy p'tit gars = lad
piaule : bedroom
ne faites pas cette mine : don't make that face
casser la croûte : break the crust = have a snack, eat

— Pour... a commencé à dire Lucas

— Pour manger ! A complété l'aubergiste en lui faisant un clin d'oeil.

La porte fermée, Lucas s'est écroulé sur son lit, le front en sueur.

— **La vache** ! Je n'ai absolument rien compris ! dit-il à haute voix.

Ni une ni deux, Lucas s'est **rué** sur son carnet de note pour y ajouter toutes les nouvelles expressions qu'il avait entendues. Puis il en a profité aussi pour revoir celles qu'il avait oubliées.

— Alors..., ah oui celle-ci est pas mal, **avoir le cul bordé de nouilles** ! Soit, avoir de la chance si je ne dis pas de **bêtise**. Oui c'est ça ! Et celle-là ! **Il en a bavé des ronds de chapeau**. Soit, euh... je ne me rappelle plus..., euh, ah si ! Ça veut dire, avoir de grosses difficultés, ou avoir passé un très mauvais moment. Ah bah, moi aussi **j'en ai bavé** tout à l'heure ! dit-il en rigolant.

Lucas a continué jusqu'à ce que l'heure du repas arrive. Lorsqu'il est arrivé, une odeur très **alléchante planait** dans la salle à manger.

"To..." Lucas started to say.

"To eat!" the innkeeper finished with a wink.

With the door closed, Lucas collapsed on his bed with sweat on his forehead.

"Holy cow! I understood absolutely nothing!" he said out loud.

Without a second thought, Lucas rushed to his notebook to add all the new expressions that he had heard. Then, he also took the opportunity to look back over those that he had forgotten.

"So... ah yes, this one isn't bad, to have an ass lined with noodles! So that means to be lucky, if I don't say it wrong. Yes, that's it! And this one! He drooled over his hat. That means, uh... I don't remember... uh, oh yes! This means to have great difficulties, or to be having a really tough time. Ah well, I drooled over my hat earlier too!" he said laughing.

Lucas continued until it was time for dinner. When he arrived, a very enticing smell was coming from the dining room.

la vache : the cow = holy cow !

se ruer : rush

avoir le cul bordé de nouilles : have the ass lined of noodles = to be lucky

il en a bavé des ronds de chapeau : he drooled hat round (hat's metal circles) = it was hard

alléchante : appealing

planait/planer : was hovering, to hover

— « On peut parfois paraître un peu **bourru**, mais on sait aussi accueillir nos **hôtes** comme il se doit ! Ça, c'est le petit plus de la campagne, c'est moi qui vous le dis ! » s'est exclamé l'aubergiste à l'arrivée de Lucas.

— Merci, c'est très gentil de votre part.

— **Pas de quoi** ! C'est mon **boulot**.

L'aubergiste avait préparé une superbe ratatouille.

— Tenez, prenez donc de la **ragougnasse** comme on l'aime ! Et servez-vous du bon pain de chez nous, n'hésitez pas.

"We can sometimes seem a bit gruff, but we know how to welcome our guests properly too! That's a little bonus of the countryside, let me tell you!" the innkeeper exclaimed when Lucas arrived.

"Thank you, this is very kind of you."

"You're welcome! It's my job."

The innkeeper had prepared a superb ratatouille.

"Here, take some ratatouille, made just the way we like it! And help yourself to some nice homemade bread, feel free!"

bourru : gruff

hôtes : hosts

pas de quoi : not of what = you are welcome, it's nothing!

boulot : job

ragougnasse : a stew, ratatouille

Lucas a **obtempéré** dans l'instant. Il ne s'est pas **fait prier** deux fois tellement il avait faim.

— C'est très bon ! C'est compliqué comme recette ? a demandé Lucas, la bouche pleine.

— « Eh ! On **ferme son clapet** quand on a la bouche pleine mon cher monsieur. Je ne suis pas votre copain non plus, **on n'a pas élevé les cochons ensemble** ! » s'est énervé tout à coup l'aubergiste

Complètement **désarçonné**, sous l'effet de la surprise, Lucas a voulu s'excuser mais l'aubergiste lui a tout de suite **coupé l'herbe sous le pied**.

Lucas obeyed immediately. He didn't have to be asked twice because he was so hungry.

"It's very good! Is this recipe complicated?" Lucas asked with his mouth full.

"Eh, close your trap when your mouth is full my dear man. I am not your friend either, we didn't raise pigs together!" the innkeeper was suddenly angry.

With the wind taken out of his sails and feeling totally surprised, Lucas wished to excuse himself, but the innkeeper immediately stopped him in his tracks.

obtempérer : to obey
se faire prier : being asked
fermer son clapet : close the valve= stop to speaking
on n'a pas élevé les cochons ensemble : we didn't raise the pigs together = we are not good friends or brothers
désarçonné : (unhorsed) surprised
coupé l'herbe sous le pied : cut the grass under his/her foot = net halted or to be stopped at the instant (pull the rug out from under somebody's feet/ to be stopped immediately)

— Chut ! **Motus et bouche cousue** tant que vous n'avez pas avalé !

Lucas s'est empressé de finir sa bouchée pour pouvoir parler.

— Veuillez m'excuser.

Histoire 2 : Un petit tour à la campagne ?! // A short trip to the countryside?!

— Ce n'est quand même pas **la mer à boire**, un peu de respect ! Mais bon, je vais être clément, **faute avouée, faute à demi pardonnée**.

Le reste du repas s'est déroulé tranquillement et au fromage l'aubergiste lui a même proposé un peu de vin.

— Je vous sers un **petit coup de pinard** pour le fromage ?

— Du pinard ? a demandé Lucas. Qu'est-ce que c'est ?

— Et bien ! De la **vinasse** ! Enfin, voyons, du **jaja** quoi, c'est du **vin** !

— Ah, oui, je veux bien s'il vous plaît.

"Shh! Don't say a word until you have swallowed."

Lucas hurried to finish his bite so he could speak.

"Please excuse me."

"It's not even complicated, have a little respect! But fine, I'll be lenient, a fault confessed is a fault half redressed."

The remainder of the meal was peaceful, and the innkeeper even offered him a little wine with the cheeseboard.

"Can I serve you a little bit of pinard with the cheese?"

"Pinard?" Lucas asked. "What's that?"

"Well! Some vino! Come on, let's see, it's wine!"

"Ah, yes please."

> **motus et bouche cousue** : lips sealed = stop speaking, don't say a word
> **ce n'est pas la mer à boire** : this is not the sea to drink = it's not complicated, this is not rocket science
> **faute avouée, faute à demi pardonnée** : fault confessed, fault half forgiven
> **petit coup de pinard** : little bit of pinard (synonymous of wine in french)
> **vinasse** : synonymous of wine in french
> **jaja** : synonymous of wine in french

vin : wine

Puis, juste après le dessert…

— Un petit **digeo** ?! S'est écrié l'aubergiste. Ne me dites pas que vous ne savez pas. Ah non, pas ça ! Un coup de **gnôle**, c'est de **l'eau de vie**, c'est pour mieux digérer.

— Et ça marche vraiment ? a demandé Lucas.

— **Un peu mon neveu !**

— C'est d'accord.

La première gorgée a été terrible. Ça lui brulait la gorge ! Lucas a alors voulu y ajouter de l'eau mais l'aubergiste l'en a aussitôt empêché.

— Vous rigolez ! C'est pas de la **camelote** ça mon p'tit **bonhomme** ! Mettre de l'eau dans ma gnôle, c'est comme **donner de la confiture au cochon**

Then, just after dessert…

"Want a little night cap?!" the innkeeper shouted. "Don't tell me you don't know what that is. Ah no, not this too! A glass of the hard stuff, it's brandy, for better digestion."

"That really works?" Lucas asked.

"Is the Pope Catholic?"

"Okay then."

The first sip was terrible. It burnt his throat! So, Lucas wanted to add water to it, but the innkeeper stopped him immediately.

"You're joking! This isn't cheap young man! Putting water in my hooch is like throwing pearls after swine."

digo : hooch to have a good digestion
gnôle : hooch
eau de vie : water of life = hard alcohol to drink
camelote : junk, cheap things

Histoire 2 : Un petit tour à la campagne ?! // A short trip to the countryside?!

bonhomme : fellow, man

donner de la confiture au cochon : give good food to a person who cannot appreciate it

Lucas a fini par accepter en buvant son digestif **cul sec**. Après avoir bien mangé, l'envie de dormir se faisait bien sentir. Lucas a **chaleureusement** remercié l'aubergiste puis est allé se coucher. Le lendemain allait être une grosse journée et il lui fallait donc du repos. La nuit est **passée d'une traite** pour Lucas. Le soleil était à peine levé que Lucas se trouvait déjà sous la douche pour se réveiller. Le **petit-déjeuner** l'attendait tranquillement ainsi que l'aubergiste.

Lucas ended up drinking his night cap in one gulp. Having eaten well, he felt the urge to sleep. Lucas thanked the innkeeper warmly then went to bed. The next day was going to be a long day and so he needed rest. The night went by in a flash for Lucas. The sun had barely risen when Lucas found himself in the shower waking himself up. Breakfast awaited him calmly and so too did the innkeeper.

cul sec : (dried ass) = drink in one shut, one gulp

chaleureusement : warmly

d'une traite : in one shot

petit-déjeuner : breakfast

— Bien dormi ? dit l'aubergiste, en pleine forme.

— **Comme un loir** ! a répondu Lucas.

— Je vous sers un **kawa** ?

— Un quoi ?!

— **Une noisette, un café** ! Mais c'est **qu'il me court sur le haricot** celui-là à ne jamais rien comprendre ! S'est énervé l'aubergiste

"Did you sleep well?" asked the innkeeper, on good form.

"Like a baby!" Lucas replied.

"Can I get you a cup of Joe?"

"A what?!"

"A macchiato, a coffee?! It's getting on my nerves that he never understands anything!" the innkeeper said, annoyed.

comme un loir : like a dormouse = sleep like a baby
kawa : coffee
une noisette : a nut = could be a synonymous of a coffee
café : coffee
il me court sur le haricot : he runs me on the bean = he troubles/annoys me

Encore à moitié endormi, Lucas n'a pas **daigné** répondre.

— Bien, aujourd'hui je vous fais visiter ma campagne, **vous êtes toujours d'attaque** ?!

— Oui. dit Lucas, en **savourant** son café.

Un petit brossage de dents, et quelques sandwichs dans le sac, et Lucas était prêt pour la journée.

— Allons-y, je vous suis ! S'est-il exclamé.

Les deux sont alors partis, chacun munis de grosses **paires de chaussures**.

— Elles sont belles vos **godasses** ! A remarqué l'aubergiste. Où les avez-vous achetées ?

— Encore heureux qu'elles soient belles. Elles m'ont **coûté la peau des fesses** !

Lucas s'était en effet acheté de très belles chaussures de marche et de haute qualité.

— Avec ça, tu pourrais **escalader** l'Everest ! lui avait dit Marine.

— Il ne faut pas **vendre la peau de l'ours avant de l'avoir tué** ! lui avait répondu Lucas.

Still half asleep, Lucas didn't dignify it with a response.

"Okay, today I'll take you around the countryside, are you still up for it?!"

"Yes," Lucas said, enjoying his coffee.

Histoire 2 : Un petit tour à la campagne ?! // A short trip to the countryside?!

With a quick brush of his teeth and with some sandwiches packed in his bag, Lucas was ready for the day.

"Let's go, after you! He exclaimed.

So, the two head off, each equipped with a stout pair of shoes.

"Those shoes are so nice!" the innkeeper remarked. "Where did you buy them?"

"I'm glad they're still nice. They cost me an arm and a leg!"

Lucas had indeed bought nice, high-quality walking boots.

"You could climb Everest in those!" Marine had said to him.

"You mustn't count your chickens before they are hatched!" Lucas replied to her.

daigner : to deign
vous êtes toujours d'attaque? : are you still in ?
savourant : savoring, enjoying
paires de chaussures : pair of shoes
godasses : synonymous of shoes
coûté la peau des fesses : cost the skin of the buttocks = too expensive
escalader : climb
vendre la peau de l'ours avant de l'avoir tué : sell the skin of the bear before killing him = to be impatient

— Mais si, tu verras, tu es largement capable de le faire. Avait surenchérit Marine.

— **Je ne donnerai pas cher de ma peau**.

Toujours est-il que Marine n'avait pas **tort**, ses chaussures étaient vraiment très confortables.

— Je pourrais marcher des heures avec ! dit Lucas à l'aubergiste. D'ailleurs j'aimerai bien prendre un chemin de grande **randonnée**, ça vous dit ?

— «Oula ! Du calme l'ami. **Ne mettons pas la charrue avant les boeufs**. Faites déjà quelques chemins de moyenne randonnée, nous verrons par la suite » a répondu l'aubergiste.

L'aubergiste avait raison. Car à peine étaient-ils arrivés à la moitié du chemin que Lucas n'en pouvait déjà plus.

— Alors, ça pédale dans la semoule ?! Qu'est-ce que je vous disais. Il ne suffit pas d'avoir des bonnes chaussures, faut-il encore être **entraîné** pour marcher longtemps ! dit l'aubergiste.

— Bon ça suffit à la fin, laissez moi **tranquille** ! A tout à coup dit Lucas, fatigué des remarques que lui faisait sans cesse l'aubergiste.

"But of course, as you'll see, you are extremely capable of doing it," Marine added.

"I wouldn't bet on it."

Still, Marine was not wrong, his shoes were extremely comfortable.

"I could walk for hours in these!" Lucas said to the innkeeper. "Besides, I would like to do a long hike, does that sound good to you?"

"Woah! Take it easy, friend. Let's not put the cart before the horse. Let's do some medium length hikes first, then we'll see," the innkeeper replied.

The innkeeper was right. They had barely arrived at the halfway point when Lucas couldn't do anymore.

"So, are you struggling yet?! What did I tell you? It's not enough to have good shoes, you also need to be trained to walk long distances!" said the innkeeper.

"Okay, that's enough, leave me alone!" Lucas said suddenly, tired of the remarks the innkeeper was making incessantly.

je ne donnerai pas cher de ma peau : I will not give too much for my skin = I would like to see you on it

tort : wrong

randonnée : hiking

ne mettons pas la charrue avant les boeufs : don't put the plow before the oxen =go easy, be patient

ça pédale dans la semoule ? : are you pedaling in the semoulina? = (is it hard for you, yet?)

être entraîné : to be trained

tranquille : quiet(in peace)

— Mais c'est que monsieur **est de mauvais poil** en plus ! Bien, fini de **glander**, reprenons notre chemin, **j'ai d'autres chats à fouetter** ! dit l'aubergiste avant de repartir.

Lucas n'en pouvait plus, surtout **qu'il ne pigeait** que la moitié de ce que disait l'aubergiste. Ils ont fini par arriver dans un petit patelin où se tenait une très belle pizzeria.

— Dites, nous pourrions venir **manger un bout** ici non ? a demandé Lucas.

— Certainement pas, elle sera fermée. Cette pizzeria n'ouvre que **tous les 36 du mois** si vous voulez tout savoir !

"And the man's in a bad mood too! Fine, stop faffing about, let's go back, I have other fish to fry," the innkeeper said before setting off.

Lucas couldn't take it anymore, especially as he only understood half of what the innkeeper said. They ended up in a small village where there was a very nice pizzeria.

"Hey, we could eat here, right" Lucas asked.

"Certainly not, it will be closed. This pizzeria only opens once in a blue moon if you must know everything."

être de mauvais poil : be of bad hair = to be in a bad mood
glander : bumming (+around) = not doing anything
j'ai d'autres chat à fouetter : I have other cats to whip = I have other things to do
ne rien piger (pigeait) : (+to not) understand anything
patelin : hometown, small village
manger un bout : eat a piece = eat something
tous les 36 du mois : every 36th of each month = never

Encore raté, se dit Lucas qui avait l'impression **d'essuyer défaite sur défaite**.

— J'ai l'impression que rien ne va ! Je vais rentrer chez moi, la campagne ce n'est pas pour moi ! S'est **lamenté** Lucas, **au bout de ses forces**.

— Voyons, **n'en faites pas tout un plat**, au moins, à la campagne, vous êtes tranquille et ça sent bon. Dit l'aubergiste.

— Non, j'en peux plus, **je jette l'éponge** !

— Ne dites pas ça, **il n'y a pas mort d'homme**, vous allez y arriver. Suivez moi, je connais un endroit sympa pour manger.

— « C'est encore loin ? » a demandé Lucas, ne voulant pas s'épuiser plus qu'il ne l'était.

— Euh pas tout à fait, mais **c'est du pipi de chat** à côté de ce qu'on a déjà fait, je vous l'assure !

Lucas a finalement accepté, pourvu que le restaurant soit de qualité. Fort heureusement, celui-ci était ouvert quand ils sont arrivés.

— Si vous saviez comme **j'ai la dalle** ! S'est écrié Lucas.

— Moi aussi, **je pourrais manger un cheval !** a ajouté l'aubergiste.

"Failed again," thought Lucas to himself, who felt as if he was suffering defeat after defeat.

"I have the impression that nothing is going right! I'm going back home; the countryside is not for me!" Lucas whined, exhausted.

"Come on, don't make a meal of it; at least, in the countryside, you're calm, and it smells nice," said the innkeeper.

"No, I can't take it anymore, I'm throwing in the towel!"

"Don't say that, it's not that bad, you'll get there. Follow me, I know a nice place to eat."

"Is it far?" Lucas asked, not wanting to be even more exhausted than he was already.

"Uh not exactly, but it's a piece of cake next to what we have already done, I assure you!"

Lucas finally accepted, hoping that the restaurant was of good quality. Fortunately, it was open when they arrived.

"If only you knew how hungry I am!" Lucas shouted.

"Me too, I could eat a horse!" the innkeeper added.

essuyer défaite sur défaite : wipe defeat after defeat = to lose again and again

lamenté (se lamenter) : to lament/to complain

au bout de ses forces : at the end of his strength = while being exhausted

n'en faites pas tout un plat : don't make a dish = don't make a fuss about it/stop complaining

je jette l'éponge : I throw the sponge = I'm giving up

il n'y a pas mort d'homme : nobody died = it's not important/it's not that big of a deal

c'est du pipi de chat : it's cat pee = it's easy

j'ai la dalle : I have the slab = I'm very hungry

je pourrais manger un cheval : I could eat a horse = I'm very very hungry

Quelques minutes plus tard, après avoir commandé, les plats sont arrivés tout chauds. Lucas était tellement **affamé** qu'il s'est littéralement jeté sur son assiette.

— **Allez-y mollo ! Qui va piano va sano, qui va lentement va surement. On n'est pas aux pièces** mon ami, prenez votre temps.

Le repas enfin terminé, tout deux ont regagné l'extérieur pour rentrer à l'auberge, mais cette fois-ci par un autre chemin.

— Ce n'était pas mauvais n'est-ce pas ? a questionné l'aubergiste.

— Oui, **je me suis éclaté la panse** !

Mine de rien, Lucas commençait à s'y faire au patois de la campagne. Soulagé de ce bon repas, Lucas avait **reprit des couleurs** et semblait plus **jovial**. Le chemin du retour a d'ailleurs été beaucoup plus agréable.

A few minutes later, after having ordered, the meals arrived hot. Lucas was so famished that he literally pounced on his plate.

"Go easy! Slow and steady wins the race. We have plenty of time, my friend, take your time.

With the meal finally eaten, the two of them went back outside to return to the cottage, but via a different route this time.

"That wasn't bad, right?" the innkeeper asked.

"Yes, I had a great time."

Casually, Lucas was getting used to the dialect of the countryside. Satisfied by the nice meal, Lucas had his color back and he seemed more jolly. Besides, the way back was much more pleasant.

affamé : hungry
allez-y mollo : go easy
qui va piano va sano, qui va lentement va surement : haste makes waste = go slowly
on n'est pas aux pièces : we're at pieces? = we have plenty of time
je me suis éclaté la panse : I broke the rumen= I had a very good meal, I ate well
mine de rien : face of nothing(as if nothing happened) = casually
reprit des couleurs : took again his colors = got better
jovial : jovial, jolly

— Quelle balade, même moi **j'ai mal aux cannes**, c'est vous dire ! dit l'aubergiste.

— Ouais ! Je vais **dormir comme une marmotte** ce soir. C'est dommage, je rentre déjà demain, je commençais à m'y faire moi.

— Vous reviendrez, j'en suis sûr !

— Je n'avais pas tellement d'atomes crochus avec ce monsieur mais je l'aime bien finalement. se dit Lucas.

Après une bonne douche, Lucas est retourné voir l'aubergiste pour profiter de sa dernière soirée.

— Dites-moi, il n'y aurait pas **une couille dans le potage** avec votre douche ? s'est exclamé Lucas.

— C'est à dire ?

— J'ai dû **poireauter** un quart d'heure avant que l'eau chaude n'arrive.

Histoire 2 : Un petit tour à la campagne ?! // A short trip to the countryside?!

— Ah, oui, c'est normal. Il faudra que je répare ça. Et sinon, une petite gnôle ?!

— Allez, **je remets le couvert**, je me laisse tenter ! s'est écrié Lucas.

"What a walk, even me, my legs are hurting, and that's saying something!" the innkeeper said.

"Yeah! I'm going to sleep like a baby tonight. It's a shame I'm going home tomorrow, I was just getting used to it."

"You'll come back, I'm sure of it!"

"I didn't have a lot in common with this gentleman but at the end of the day I like him a lot," Lucas said to himself.

After a good shower, Lucas returned to see the innkeeper to enjoy his last evening.

"Tell me, is there a problem with your shower?" Lucas exclaimed.

"What do you mean?"

"I had to wait fifteen minutes before there was hot water."

"Ah yes, that's normal. I need to repair that. And otherwise, how about a little hooch?!"

"Okay, I'll have some again, I'll let myself be tempted!" Lucas exclaimed.

j'ai mal aux cannes : my canes are hurting me = my legs are hurting me
dormir comme une marmotte : sleep like a marmot = sleep deeply
pas d'atomes crochus avec ce monsieur : not hooked atoms (no chemistry or no things in common) with this gentleman= I don't like him,
une couille dans le potage : a testicle in the soup = there is a problem
poireauter : to wait
je remets le couvert : I put the cutlery again = do it again

La soirée a été super et les deux se sont bien amusés. Malheureusement, **toutes les bonnes choses ont une fin**. Le lendemain, l'aubergiste a raccompagné Lucas à son train et le soir même, il était de retour à Paris. Marine, son amie la plus dévouée, l'attendait sur le quai.

The evening was great and they both had a lot of fun. Unfortunately, all good things must come to an end. The next day, the innkeeper accompanied Lucas to his train and the same evening, he was back in Paris. Marine, his most loyal friend was waiting for him on the platform.

toutes les bonnes choses ont une fin : all the good things have an end.

— Alors c'était comment ? lui a-t-elle demandé, impatiente de connaître son récit.

— Si tu savais comment je me suis **fendu la poire** ! a répondu Lucas.

— Cool ! Et ces expressions alors ?

— Tiens écoute : Hier soir je me suis **jeté un petit verre** et j'y suis pas **allé de main morte** ! Puis on a **causé** toute la soirée avec mon ami l'aubergiste. **C'est un type bien**. Alors ?

— Whoua ! T'es devenu super **balèze** ! Bravo ! se réjouit Marine.

C'est vrai que Lucas avait bien progressé, c'était devenu **un As** ! D'ailleurs il ne pouvait plus s'empêcher de parler comme ça depuis qu'il était rentré chez lui.

— « Bon, on va pas **se regarder en chiens de faïence**, on va boire quelque chose et s'amuser ! » avait-il dit à Marine l'autre soir.

Et pire encore, l'autre jour :

— Mince, il faut que j'aille aux toilettes, **j'ai la taupe qui tape au guichet ! Filez sans moi,** je vous rattraperai.

"So, how was it?" she asked him, impatient to hear his story.

"If you only knew the fun I had!" Lucas replied.

"Cool! And what about those expressions?"

"Listen to this: yesterday evening I threw back a drink and I didn't pull any punches! Then

I chatted all evening with my mate, the innkeeper. He's a good fellow. What do you think?"

"Woah! You've gotten great at it! Bravo!" Marine said, happily.

Truthfully, Lucas had progressed well, he'd become a master! Subsequently, he hasn't been able to stop talking this way since he came back home.

"Okay, we're not going to stand around like statues, let's go have something to drink and have fun!" he said to Marine the other night.

And even worse, the other day he said:

"Damn, I have to go to the bathroom, I have a mole knocking at the counter! Go on without me, I'll catch up."

se fendre la poire : split the pear = to have a lot of fun
se jeter un petit verre : throw a drink = take a drink
ne pas aller de main morte : not going with a dead hand= go the hard way
causé : talked
c'est un type bien : it's a good man
balèze : strong
un as : an ace = the best/good at something
se regarder en chiens de faïence : to look at each other like porcelain dogs = to glare at each other speechlessly like stones
j'ai la taupe qui tape au guichet : I have the mole who is knocking at the counter = I want to poop
filez sans moi : whisked away (go/run) without me

Et chez le banquier :

— Excusez-moi mais **je n'ai plus une thune** en ce moment, j'aimerais faire un crédit.

— Je n'ai pas compris monsieur. lui avait répondu le banquier.

— Je vous dis que **je n'ai plus un rond.** J'ai plus d'argent quoi !

C'est ainsi que Lucas devint le numéro un des expressions Française, un vrai dictionnaire vivant ! Et d'ailleurs, sur ce, nous vous disons : À la revoyure !

And at the bank:

"Excuse me I don't have any dosh at the moment, I would like to take out a loan."

"I don't understand, sir," the banker replied to him.

"I'm telling you I'm broke. I don't have any more money!"

This is how Lucas became the go-to guy for French expressions, a real walking dictionary! And on that note, we hope to see you soon!

je n'ai plus une thune : I don't have any more money
je n'ai plus un rond : I don't have a any more pieces= I don't have any more money
à la revoyure : see you soon

Histoire 2 : Un petit tour à la campagne ?! // A short trip to the countryside?!

VOCABULARY RECAP

sympathique : friendly

campagne : countryside

mis au parfum : put at fragrance = (to inform)

jargon : lingo, jargon

campagnards : countrymen, rustics

pleurnicher : whining

chier une pendule : shit a pendulum = to get angry about something insignificant

les bras m'en tombent : my arms are falling = to be surprised

ça ne casse pas trois pattes à un canard : it does not break three legs to a duck : it's not too hard

vous n'avez pas inventé le fil à couper le beurre vous : you did not invent the cheese wire = you are not intelligent

valises : bags, suitcases

récupérer son train = take his train

cambrousse : outback

volcans : volcanoes

gîte : lodging/cottage

chambre d'hôtes : bed and breakfast (guestroom)

bien en chaire : well pulpit / fleshy = fat

portrait craché : spitting image = look perfectly alike

aubergiste : innkeeper, the owner of the hostel

esclaffé : guffawed

on se fait chier comme des rats morts : we are bored like dead rats = we are bored

faire tilt : **ring a bell in one's mind** = to understand/It became clear

de manière hasardeuse : haphazardly

il n'y va pas avec le dos de la cuillère : he is not going with the back of the spoon = he is not going slowly

literie : bedding

vous n'avez pas inventé la poudre vous : you have not invented the gun powder = to be stupid (you are not intelligent)

être mal barré : be off to a bad start = be in a difficult/tough situation

baissé les bras : fall the arms = given up

les lieux : places

faire le tour du propriétaire : go around the owner = to visit the place

gars : guy p'tit gars = lad

piaule : bedroom

ne faites pas cette mine : don't make that face

casser la croûte : break the crust = have a snack, eat

la vache : the cow = holy cow !

se ruer : rush

avoir le cul bordé de nouilles : have the ass lined of noodles = to be lucky

il en a bavé des ronds de chapeau : he drooled hat round(hat's metal circles) = it was hard

alléchante : appealing

planait/planer : was hovering, to hover

bourru : gruff

hôtes : hosts

pas de quoi : not of what = you are welcome, it's nothing!

boulot : job

ragougnasse : a stew, ratatouille

obtempérer : to obey

se faire prier : being asked

fermer son clapet : close the valve = stop to speaking

on n'a pas élevé les cochons ensemble : we didn't raise the pigs together = we are not good friends or brothers

désarçonné : (unhorsed) surprised

coupé l'herbe sous le pied : cut the grass under his/her foot = net halted or to be stopped at the instant (pull the rug out from under somebody's feet/ to be stopped immediately)

motus et bouche cousue : lips sealed = stop speaking, don't say a word

ce n'est pas la mer à boire : this is not the sea to drink = it's not complicated, this is not rocket science

faute avouée, faute à demi pardonnée : fault confessed, fault half forgiven

petit coup de pinard : little bit of pinard (synonymous of wine in french)

vinasse : synonymous of wine in french

jaja : synonymous of wine in french

vin : wine

digo : hooch to have a good digestion

gnôle : hooch

eau de vie : water of life = hard alcohol to drink

camelote : junk, cheap things

bonhomme : fellow, man

donner de la confiture au cochon : give good food to a person who cannot appreciate it

cul sec : (dried ass) = drink in one shut, one gulp

chaleureusement : warmly

d'une traite : in one shot

petit-déjeuner : breakfast

comme un loir : like a dormouse = sleep like a baby

kawa : coffee

une noisette : a nut = could be a synonymous of a coffee

café : coffee

il me court sur le haricot : he runs me on the bean = he troubles/annoys me

daigner : to deign

vous êtes toujours d'attaque? : are you still in ?

savourant : savoring, enjoying

paires de chaussures : pair of shoes

godasses : synonymous of shoes

coûté la peau des fesses : cost the skin of the buttocks = too expensive

escalader : climb

vendre la peau de l'ours avant de l'avoir tué : sell the skin of the bear before killing him = to be impatient

je ne donnerai pas cher de ma peau : I will not give too much for my skin = I would like to see you on it

tort : wrong

randonnée : hiking

ne mettons pas la charrue avant les boeufs : don't put the plow before the oxen = go easy, be patient

ça pédale dans la semoule ? : are you pedaling in the semoulina? = (is it hard for you, yet?)

être entraîné : to be trained

tranquille : quiet(in peace)

être de mauvais poil : be of bad hair = to be in a bad mood

glander : bumming (+around) = not doing anything

j'ai d'autres chat à fouetter : I have other cats to whip = I have other things to do

ne rien piger (pigeait) : (+to not) understand anything

patelin : hometown, small village

manger un bout : eat a piece = eat something

tous les 36 du mois : every 36th of each month = never

essuyer défaite sur défaite : wipe defeat after defeat (=to lose again and again)

lamenté (se lamenter) : to lament/to complain

au bout de ses forces : at the end of his strength = while being exhausted

n'en faites pas tout un plat : don't make a dish = don't make a fuss about it/ stop complaining

je jette l'éponge : I throw the sponge = I'm giving up

il n'y a pas mort d'homme : nobody died = it's not important/it's not that big of a deal

c'est du pipi de chat : it's cat pee = it's easy

j'ai la dalle : I have the slab = I'm very hungry

je pourrais manger un cheval : I could eat a horse = I'm very very hungry

affamé : hungry

allez-y mollo : go easy

qui va piano va sano, qui va lentement va surement : haste makes waste = go slowly

on n'est pas aux pièces : we're at pieces? = we have plenty of time

je me suis éclaté la panse : I broke the rumen = I had a very good meal, I ate well

mine de rien : face of nothing(as if nothing happened) = casually

reprit des couleurs : took again his colors = got better

jovial : jovial, jolly

j'ai mal aux cannes : my canes are hurting me = my legs are hurting me

dormir comme une marmotte : sleep like a marmot = sleep deeply

pas d'atomes crochus avec ce monsieur : not hooked atoms (no chemistry or no things in common) with this gentleman = I don't like him,

une couille dans le potage : a testicle in the soup = there is a problem

poireauter : to wait

je remets le couvert : I put the cutlery again = do it again

se fendre la poire : split the pear = to have a lot of fun

se jeter un petit verre : throw a drink = take a drink

ne pas aller de main morte : not going with a dead hand = go the hard way

causé : talked

c'est un type bien : it's a good man

balèze : strong

un as : an ace = the best/good at something

se regarder en chiens de faïence : to look at each other like porcelain dogs = to glare at each other speechlessly like stones

j'ai la taupe qui tape au guichet : I have the mole who is knocking at the counter = I want to poop

filez sans moi : whisked away (go/run) without me

je n'ai plus une thune : I don't have any more money

je n'ai plus un rond : I don't have a any more pieces= I don't have any more money

à la revoyure : see you soon

PRACTICE YOUR WRITING

Write a short summary of this story. Do not paraphrase please.

Sample:

Lucas est un jeune garçon bien sympathique qui vit à Paris depuis toujours. Et pour cette année, changer d'air lui ferait le plus grand bien. Pour se faire, il projette de passer un séjour à la campagne. Destination, l'Auvergne, dans le fameux parc national français des volcans. Or, Lucas se fait du souci. D'abord, il n'est jamais allé en plein milieu de la cambrousse, et de plus, il ne parle pas un mot du jargon campagnard. C'est ainsi qu'il se met, avec l'aide de son amie Marine, à réviser toutes les expressions françaises qui pourraient lui servir. Dès le début, c'est la catastrophe, Lucas mélange tout et pense que c'est peine perdue. Heureusement que Marine le pousse pour tout de même partir. Mais le cauchemar ne fait que commencer. Le premier jour, Lucas débarque dans un gîte complètement perdu. Un bon vieux campagnard l'accueille, et là, c'est le drame. Lucas ne comprend rien à rien de ce que ce monsieur lui raconte. Et le pire, c'est que cela agace l'aubergiste ! On peut le dire, Lucas s'est mis dans de beaux draps ! Mais de fil en aiguille, Lucas finira par relever le défi, car il n'est pas du genre à se laisser abattre.

HISTOIRE 3 : VIVONS MIEUX ! // LET'S LIVE BETTER!

Hélèna est une femme **exemplaire**. Pour elle, son corps est une **machine** qu'il faut **soigner** avec beaucoup de **délicatesse** et d'**attention**. Hélèna connaît toutes les **techniques** de **relaxation** du corps, comme de l'esprit. Une bonne **respiration** vous amènera le calme intérieur, tel est son **credo**. Chaque membre, chaque **organe** possède sa **spécificité** et ils sont **indispensables** au bon fonctionnement du corps. Il vous faudra dès lors les **traiter** avec beaucoup de soin ! Cela fait maintenant quelque temps qu'Hélèna a d'ailleurs ouvert son **studio de yoga**, étant elle-même **prof de yoga** depuis maintenant presque dix ans.

Histoire 3 : Vivons Mieux ! // Let's live better!

Hélèna is an exemplary woman. For her, her body is a machine that she needs to look after with care. Hélèna knows all the relaxation techniques for the body as well as the mind. Good breathing will bring you inner peace, this is her belief. Each limb, each organ possesses its own specific feature and they are essential for the proper functioning of the body. Therefore, you have to treat them with great care! It's been some time now since Hélèna opened her yoga studio, having been a yoga teacher herself for nearly ten years now.

exemplaire : exemplary
machine : machine
soigner : look after
délicatesse : delicacy
attention : attention
techniques : techniques
relaxation : relaxation
respiration : breathing
calme intérieur : inner calm/peace
credo : creed
organe : organ
spécificité : specificity
indispensables : required
traiter : treat
studio de yoga : yoga studio
prof de yoga : yoga teacher

Son studio est **remarquablement bien équipé.** Il y a tout ce qu'il faut pour effectuer une vraie séance de yoga. Vous y trouverez des **tapis, des sangles de yoga, des coussins de méditation** et même des affiches sur lesquelles sont expliquées en détail toutes **les postures de yoga. La posture de la pince debout** ne semble pas très évidente, et celle du **triangle** encore moins ! **La pose de l'enfant, en revanche,** semble très largement **accessible** pour les **débutants.**

Aujourd'hui, Hélèna a fait un cours très **instructif** sur : comment se lever le matin, de la **bonne manière**. Tout d'abord, avant même de sortir du lit, il faut **s'étirer** en long et en large.

Her studio is remarkably well equipped. There is everything you need to do a yoga session. In the studio, you will find yoga mats, straps, meditation cushions and even posters on which all the yoga poses are explained in detail. The standing forward bend pose doesn't seem very obvious, and the triangle pose even less so! Child's pose, on the other hand, is seemingly very accessible for beginners.

Today, Hélèna led a very instructive lesson on how to wake up the right way in the morning. Firstly, before even getting out of bed, you have to stretch at length.

remarquablement : remarkably
équipé : equiped
tapis : mat
sangles de yoga : yoga straps
coussins de médiation : meditation /pillows
postures de yoga : yoga poses
la posture pince debout, du triangle : standing forward bend, triangle pose
la pose de l'enfant : child pose
en revanche : however
accessible : available or accessible
débutants : beginners
instructif : instructive
bonne manière : right way
s'étirer : stretch out

— « Tirez bien sur vos **jambes**, le plus loin possible » avait-elle dit à ses élèves. De même, étendez **vos bras**, et écartez vos **doigts** !

Ensuite, il fallait **se redresser**, mais rester dans son lit, ne pas sortir tout de suite.

— « **Massez**-vous un peu les **reins**, les **bras**, le **cou**. Fermez les deux poings et ouvrez les plusieurs fois » avait-elle ajouté. Faites des **cercles avec la tête** et **prenez de longues et profondes respirations.**

"Push your legs as far as possible," she said to her students. "At the same time, extend your arms and spread your fingers!"

Then, you had to straighten again but staying in your bed, don't get up right away.

"Massage your lower back, arms and neck a little. Close and open both your fists several times," she added. "Make circles with your head and take long, deep breaths."

> **jambes** : legs
> **élèves** : students
> **étendez vos bras** : extend your arms
> **doigts** : fingers
> **se redresser** : straighten
> **se masser** : to massage
> **reins** : kidneys
> **cou** : neck
> **fermez les deux poings** : make fists with your hands
> **faire des cercles avec la tête** : make circles with your head
> **de longues et profondes respirations** : long deep breaths

Une fois cette première **gymnastique** effectuée, il était enfin possible de sortir de son lit. À partir de ce moment-là, se mettait en place la deuxième phase du réveil, un peu plus active que la précédente.

— Massez votre corps tout entier, il faut lui indiquer qu'il est temps pour lui de **se réveiller**. Stimulez votre **cuir chevelu**, le **front**, les **joues**, le **nez**, le **menton**. Faites bouger vos **lèvres, clignez des yeux.**

Le matin, disait-elle, il faut reprendre conscience de son corps, c'est notre **outil** de tous les jours, et vous ne pouvez l'oublier comme on oublie son **cartable** ! Lorsque l'on devient maître dans cet art, on a conscience de notre corps tout entier, **les dents, la langue, les oreilles**, tout y est, et à sa place !

Once this exercise is complete, you can finally get out of bed. From that moment, the second phase of waking up, which was a little more active than the previous one, was implemented.

"Massage your entire body, you need to tell it that it's time to wake up. Stimulate your scalp, forehead, cheeks, nose and chin. Move your lips, blink your eyes."

"In the morning," she said, "you have to regain consciousness in your body, it's our everyday tool, and you can't forget it like you forget your backpack! When we become a master of this art, we are aware of our entire body, our teeth, tongue, ears, everything is there, and in its place!"

gymnastique : gymnastic
se réveiller : to wake up
cuir chevelu : scalp
front : forehead
joues : cheeks
nez : nose
menton : chin
lèvres : lips
cligner des yeux : to blink
outil : tool
cartable : backpack
dents : teeth
langue : the tongue
oreilles : the ears

— « Apprenez à **respirer convenablement**, **gonflez** d'abord le **ventre** grâce à une **lente inspiration**, puis **transférez** votre **souffle** dans votre **poitrine** en gonflant dès lors vos **poumons** » indiquait-elle avec **passion** à ses élèves. Tenez, je vais vous raconter une petite histoire. Il y a très longtemps déjà que les Yogis **pratiquent** l'art de la respiration. Et depuis, nous pouvons en voir une **représentation** symbolique dans les statues et peintures du Bouddha. Quelqu'un le sait ?

L'assemblée était évidemment très **absorbée** par l'histoire d'Hélèna.

"Learn to breathe properly, first inflate the stomach with a slow deep breath, then transfer your breath into your chest, thereby inflating your lungs," she said to her students passionately. "Here, I'm going to tell you a little story. Yogis have long practiced the art of breathing. And since that time, we can see a symbolic representation of it in statues and paintings of the Buddha. Did anyone know that?"

The class was evidently very absorbed by Hélèna's story.

respirer convenablement : breathe properly
gonfler : inflate
lente respiration : slow breathing
transférer : to transfer
souffle : breath
poitrine : chest
poumons : lungs
passion : passion
pratiquer : practice
représentation : representation
assemblée : assembly
être absorbé : be absorbed

— Le Bouddha est toujours représenté avec un gros ventre. Mais ce n'est pas parce qu'il était **obèse**, bien au contraire, c'était pour **signifier** qu'il fallait gonfler son ventre et non pas ses poumons pour respirer **correctement**, voilà tout.

Hélèna était **définitivement** une **experte**. Elle pratiquait d'ailleurs toutes les postures possibles et inimaginables que l'on pouvait trouver dans la pratique du yoga. **La posture du lotus, de la montagne, du chien tête en bas, de la grue ou du corbeau**, plus rien n'avait de secret pour elle. Sa préférée étant bien sûr **la posture de la foudre**, dit aussi du diamant !

— Bien, maintenant que vous avez normalement **frictionné** toutes les **parcelles** de votre corps. Cela permet de **dilater** tous les micro-vaisseaux **sanguins** et de faire **circuler** correctement votre **sang**. Il ne reste plus qu'une dernière chose, la plus difficile, mais la plus puissante. Voici un dernier secret pour un réveil **optimal** ! Pour les plus **vaillants** d'entre vous, je préconise **la douche froide** ! Rien de tel pour devenir **immortel**, je vous l'assure !

"The Buddha is always depicted with a big stomach. But this isn't because he was obese, the opposite in fact, it was to signify that he had to inflate his stomach and not his lungs to breathe properly. There you have it."

Hélèna was definitely an expert. For that matter, she practiced all the possible and unimaginable poses that you can find in the practice of yoga. Lotus position, mountain pose, downward facing dog, crane or raven pose, she knew them all. Her favourite pose was of course the thunderbolt pose, which is also called the diamond pose!

"Good, now you've massaged every bit of your body as you usually would. This helps to dilate all the micro blood vessels and circulate your blood properly. There is only one thing left to do, the most difficult, but the most powerful. Here is one last secret for optimal awakening! For the bravest of you, I recommend a cold shower! There is nothing better for becoming immortal, I assure you!"

obèse : obese
signifier : mean
correctement : correctly
définitivement : definitely
experte : expert
inimaginable : unimaginable
la posture du lotus, de la montagne, du chien tête en bas, de la grue ou du corbeau : lotus pose, mountain pose, down dog pose, crane or raven pose
la posture de la foudre : varja pose
frictionner : rub
parcelles : plots
dilater : expand
sanguin : sanguine
circuler : flow
sang : blood
optimal : optimal
vaillant : valiant, brave
douche froide : cold shower
immortel : immortal

La douche froide, tout le monde ne peut **prétendre** en être **adepte**. Mais il est vrai que la douche froide possède des vertus **primordiales**. Elle aide au bon fonctionnement des **pores de la peau** et bien d'autres choses positives.

— Enfin, la journée, tentez de **garder votre colonne droite** autant que possible. S'il vous plaît, prenez soin de votre corps si précieux. Vous n'avez pas des épaules, des bras, des mains, des doigts et des ongles pour rien. Comme vous, ils ont besoin d'attention.

Ainsi de suite, chaque jour, Hélèna **conseillait** et aidait chaque personne à vivre mieux. C'était sa **raison de vivre.**

— Voyons, **débloquez votre hanche**, regardez comme vous êtes si **rigide**. La **souplesse** est primordiale à tous les niveaux du corps. Ce n'est pas parce que vous arrivez à toucher vos pieds en restant debout que vous êtes souples.

Not everyone can claim to be a cold shower enthusiast. But it's true that a cold shower possesses essential properties. It helps with the proper functioning of the skin's pores and many other positive things.

"Finally, during the day, try to keep your back straight as much as possible. Please, take care of your precious body. You have shoulders, arms, hands, fingers and fingernails for a reason. Like you, they need care."

And so on and so forth, every day Hélèna advised and helped each person to live better. It was her purpose in life.

"Come on, loosen your hips, look at how rigid you are. Flexibility is essential to all levels of the body. Just because you can touch your toes when you're standing up doesn't mean you are flexible.

> **prétendre** : claim, to pretend
> **adepte** : adept
> **primordiales** : essential
> **pores de la peau** : skin pores
> **garder votre colonne droite** : keep your back or spine straight
> **épaules** : the shoulders
> **bras** : arms
> **mains** : hands
> **doigts** : fingers
> **ongles** : fingernails
> **conseiller** : to advise
> **raison de vivre** : purpose in life, reason to live
> **débloquez votre hanche** : unlock your hip
> **rigide** : rigid
> **souplesse** : flexibility

Chaque partie du corps a sa fonction. Selon les "philosophes" du yoga, il y a des **méridiens** qui **irriguent** le corps tout entier, en Inde ils appellent cela les Nadis. C'est un peu comme les nerfs, sauf qu'eux, ils distribuent l'énergie, que les Orientaux appellent souvent le Ki, ou le Prana. Certains partent des **orteils** pour remonter jusqu'aux **poignets**. D'autres vont du **nez** jusqu'au **foie**, et même plusieurs partent de la **rate, du coeur, de la gorge**...etc. Lorsque l'on est en pleine forme, selon les yogis, le prana circule parfaitement dans tout le corps, et c'est la jeunesse éternelle !

Each part of your body has its function. According to the yoga "philosophers", there are meridians which irrigate the entire body, in India they are called Nadis. They're a little like nerves, except that they distribute energy, which is often called Ki or Prana in the Orient. Some start from the toes and go to the wrists. Others go from the nose to the liver, and several even start from the spleen, the heart, the throat etc... When one is in good shape, according to the yogis, the Prana is circulating perfectly around the whole body, and that's eternal youth!

méridiens : meridians
irriguer : irrigate
nerfs : nerves
orteils : toes
poignets : wrists
rate : the spleen
coeur : heart
gorge : throat

Mais la clef, pour vivre mieux, ne réside pas seulement dans la pratique de yoga. Il s'agit aussi de manger correctement. Pour sa part, Héléna a choisi d'être **végétalienne**. C'est à dire qu'elle ne mange pas de **viande, de porc ou de poulet, ni de poisson**. Elle ne mange pas non plus de **produits laitiers**, donc pas de **lait**, de **fromage** mais aussi pas **d'oeufs**. Premièrement, Héléna pratique certaines **doctrines** du Bouddhisme dans lesquelles il est dit qu'il faut protéger la vie quelle qu'elle soit et ne pas tuer, **faire souffrir**, ou **asservir** les animaux. Et deuxièmement, elle pense qu'il est mauvais pour la **santé** de manger de la viande ou des produits laitiers.

But the key to living better is not only in the practice of yoga. It's also about eating healthily. Héléna, herself has chosen to be vegan. This means that she doesn't eat meat, pork, chicken, or fish. She no longer eats dairy products, so no milk, no cheese, but also no eggs. Firstly, Héléna practices certain Buddhist doctrines in which it is said that it is necessary to protect life, whatever life it may be, and not kill, make suffer or enslave animals. And secondly, she thinks it is unhealthy to eat meat or dairy products.

végétalienne : vegan
viande, de porc ou de poulet ni de poisson : meat, pork or chicken or fish
produits laitiers : dairy products
lait : milk
oeufs : eggs
faire souffrir : to hurt/to cause pain
faire souffrir un animal : to make an animal suffer
asservir : enslave
santé : health

L'autre jour, l'une de ses amies lui a demandé comment elle faisait pour aller au restaurant.

— Et bien tout d'abord, je me renseigne **s'il y a un restaurant végétarien dans les alentours.** avait-elle répondu. Ensuite, si ce n'est pas le cas, je demande aux serveurs **s'il y a des plats végétaliens**. Parfois ils me demandent pourquoi ? Et je leur dis simplement que **je ne mange pas de produits issus des animaux ou de leur exploitation, ni du miel, oeufs ou laitage et ses dérivés.**

Pour Hélèna, bien manger est une chose **fondamentale**. Cela permet de mieux digérer et donc d'être moins fatigué. Lorsqu'elle fait ses courses, elle achète toujours les produits qui portent **le label Bio**.

The other day, one of her friends asked her how she went on in a restaurant.

"Ah well, first of all, I check if there is a vegetarian restaurant nearby," she replied. "Then, if there isn't one, I ask the waiters if there are vegetarian dishes. Sometimes they ask me why and I simply tell them that I do not eat animal products, nor honey, eggs or dairy and its derivatives."

For Hélèna, eating well is fundamental. It helps her to improve her digestion and therefore be less tired. When she goes shopping, she always buys products which have an organic label.

s'il y a un restaurant végétarien dans les alentours : if there is a vegetarian restaurant near here

s'il y a des plats végétaliens : if there is vegetarian dishes

je ne mange pas de produits issus des animaux ou de leur exploitation, ni du miel, oeufs ou laitage et ses dérivés : I don't eat any animal by-products, neither honey, eggs nor dairy and its derivatives

fondamentale : fundamental

le label bio : organic label

— Mais si tu ne manges pas de viande, alors tu manges quoi ? lui avait demandé son amie.

— **Je mange des légumes, des céréales et des grains.**

— C'est tout ?

— « Finalement, je mange beaucoup **plus varié** que toi tu sais. Souvent, lorsque tu manges un **steak haché**, tu le complètes seulement avec des **petits-pois, ou des haricots verts** » avait-elle dit pour s'expliquer. Moi je mange au moins cinq légumes par jour ! **Des lentilles, des poireaux, des pois chiches**...etc. Il y a pleins de **recettes** excellentes à faire.

"But if you don't eat meat, what do you eat?" her friend asked her.

"I eat vegetables, cereals and grains."

"That's it?"

"At the end of the day, I eat a much more varied diet than you, you know. Often, when you eat a burger, you complement it only with peas or green beans," she explained to her. "I eat at least five vegetables a day! Lentils, leeks, chickpeas etc... There are loads of excellent recipes to make."

je mange des légumes, des céréales et des grains : I eat vegetables, cereals and grains

plus varié : diverse

steak haché : chopped steak

petits-pois : peas

haricots verts : green beans

lentilles : lentils

poireau : leek
pois-chiches : chickpeas
recettes : recipes

Ce n'était pas faux. Et en plus, on pouvait trouver de tout dans les **magasins diététique ou bio**. La semaine dernière, Hélèna a emmené son amie avec elle dans sa boutique pour lui montrer ce qu'elle mettait dans son **panier**. Son amie Amanda n'en croyait pas ses yeux, il y avait de tout ! Des **germes de soja** pour des salades, de la **farine noire** pour faire du pain maison, des **pétales / flocons d'avoine** pour faire des steaks sans viande avec du **tofu**, des lentilles pour la **teneur en fer** et pleins d'autres choses !

This was true. And what's more, you can find it all in organic food shops. Last week, Hélèna brought her friend with her to a shop to show her what she was putting in her basket. Her friend Amanda couldn't believe her eyes, it had everything! Bean sprouts for salads, whole-wheat flour for making homemade bread, oats to make meat-free steaks with tofu, lentils for their iron content and loads of other things!

magasins diététique ou bio : health or organic food shop
panier : basket
germes de soja : bean sprouts
farine noire : whole meal flour
pétales d'avoine : oats
tofu : tofu
teneur en fer : iron content

— Et tu ne manges pas de gluten non plus ? avait questionné Amanda.

— « Si, je ne fais pas de **régime sans gluten** mais j'évite d'en manger trop souvent » avait répondu Hélèna.

— Quelle est la différence entre **Végétarien** et Végétalien ?

— « Le Végétarien mange des produits laitiers tandis que le Végétalien n'en mange pas » avait simplement répondu Amanda.

Comme toujours, après avoir mangé, Hélèna pratiquait la **méditation**. Pour elle, c'était une manière de faire son **introspection**, et comme les yogis le disait, de **réaligner** ses chakras ! Mais encore, il ne suffisait toujours pas de faire du yoga et de **bien manger** pour vivre mieux. Hélèna avait des aspirations plus grandes encore.

"And you don't eat gluten either?" Amanda asked.

"Yes I do, I don't have a gluten-free diet, but I avoid eating it too often," Hélèna replied.

"What's the difference between vegetarian and vegan?"

"A vegetarian eats dairy products whereas a vegan doesn't," Hélèna replied simply.

As always, having eaten, Hélèna practiced meditation. For her, this was a way to be introspective, and as the yogis say, to realign her chakras! But still, it wasn't always enough to practice yoga and eat well to live better. Hélèna had even grander aspirations.

méditation : meditation
introspection : introspection
réaligner : align
bien manger : eat well

— « Prenez soin de votre corps, mangez bien, mais aussi, n'oubliez pas de vous comprendre, **de vous connaître** » disait-elle. Saisissez vos **blocages psychologiques**, vos peurs, vos défauts et vos désirs qui vous empêchent de vivre. Car le yoga est une **discipline** du corps, mais aussi de **l'esprit** !

Hélèna était complète, elle faisait travailler le corps et l'esprit, les deux ne devaient faire qu'un. Pour elle, il fallait savoir pratiquer la **compassion, le don, la sagesse, l'amour et le pardon**. Ne pas oublier les notions de **respect, de devoir, et de savoir être**. C'est tous ces éléments réunis qui faisaient qu'un être pouvait s'accomplir et peut-être même atteindre **l'illumination**, ou le nirvana comme le disent les yogis.

L'après-midi, Hélèna donnait des **cours particuliers** pour vivre mieux.

"Take care of your body, eat well, but also, don't forget to understand yourself, to know yourself," she said. "Take hold of your mental blocks, your fears, your faults, and your desires which stop you living. Because yoga is a physical, but also a spiritual discipline!"

Hélèna was complete, she made her mind and body work, the two must make one. For her, it was necessary to practice compassion, giving, wisdom, love and forgiveness, not forgetting the ideas of respect, duty and social skills. It's all these elements combined which mean a being can be fulfilled and maybe even achieve enlightenment, or nirvana as the yogis say.

In the afternoon, Hélèna gave private lessons for better living.

vous connaître : to know yourselves
blocages psychologiques : psychological blocks/mental blocks
peurs : fears
défauts : defaults
désirs : desires
discipline : discipline
esprit : mind
compassion : compassion
don : donation
sagesse : wisdom
amour : love
pardon : forgiveness
respect : respect
devoir : duty
savoir être : social skills
illumination : illumination
cours particuliers : private tutoring

— Bonjour madame Placard ! Vous allez bien aujourd'hui ?

Madame Placard était une personne assez âgée, qui s'était mise à faire du yoga pour **améliorer** sa santé.

— Bien, **levez les jambes vers le ciel**. Cela fera redescendre le **surplus** de sang qui s'est accumulé au niveau de vos **chevilles** et de vos **talons**.

Hélèna connaissait toutes les petites subtilités du corps humain.

— Maintenant, levez-vous. **Penchez-vous doucement vers l'avant et expirez en vous penchant**. Puis **redressez-vous et inspirez** tranquillement.

C'est très bien. Maintenant, nous allons effectuer la respiration du feu, ça vous donnera des forces ! Parfait, enfin, **accroupissez-vous** quelques secondes, puis **asseyez-vous, les jambes tendues devant**.

"Hello Mrs. Placard! How are you today?"

Mrs. Placard was quite an elderly person, who began practicing yoga to improve her health.

"Okay, lift your legs towards the sky. This will bring down the surplus of blood which has accumulated at your ankles and heels."

Hélèna knew all the little subtleties of the human body.

"Now, stand up. Bend slowly forward and exhale as you lean, then stand up straight and inhale calmly. Very good. Now, we're going to do fire breathing, it will give you strength! Perfect, finally, squat down for a few seconds, then sit down, with your legs straight out in front of you."

âgée : senior
améliorer : improve
levez les jambes vers le ciel : lift your legs up / towards the ceiling
surplus : surplus, excess
chevilles : ankles
talons : heels
penchez-vous doucement vers l'avant et expirez en vous penchant : bend slowly forward and exhale as you lean
redressez-vous : straighten up
inspirez : inhale
respiration du feu : fire breathing
accroupissez-vous : crouch down
asseyez-vous, les jambes tendues devant : sit with legs straight out in front

Avec tout ça, nul doute que madame Placard conserverait sa santé. Hélèna lui avait conseillé de faire un **régime** pour accompagner ses exercices journaliers.

Histoire 3 : Vivons Mieux ! // Let's live better!

— Vous n'êtes pas obligée de devenir végétarienne. Mais évitez la **viande rouge** tout de même. Si vous manquez d'énergie, prenez des **compléments alimentaires** comme la Spiruline. N'hésitez pas à consommer du **boulghour** et variez vos **mets**.

Having done all that, there is no doubt that Mrs. Placard would stay healthy. Hélèna recommended that she goes on a diet to complement her daily exercise.

"You don't have to become a vegetarian. But avoid red meat, nonetheless. If you lack energy, take some food supplements, like spirulina. Don't hesitate to eat bulgur and vary your meals."

régime : diet
viande rouge : red meat
compléments alimentaires : food supplements
boulghour : bulgur
mets : dishes

— « Et vous pensez que les **fruits** sont bons pour la santé ? » lui avait demandé madame Placard.

— Bien sûr !

— Comment puis-je les manger ?

— C'est très simple. Le matin, mangez de **l'avocat**, les Australiens font tout le temps ça et c'est très bon. Puis vous pouvez aussi prendre une **banane**. Mais ne mangez pas trop le matin, votre corps n'est pas encore tout à fait réveillé. Quelques **amandes** en **guise** de fruits secs viendront compléter votre petit-déjeuner. Vers 11h30, vous pouvez manger un bon repas. Mangez vos fruits avant le repas, c'est meilleur pour la **digestion**. Faites-vous plaisir, mangez des **abricots**, **des pommes**. Et **variez** vos fruits chaque jour.

"And do you think that fruit is good for your health?" Mrs. Placard asked her.

"Of course!"

"How can I eat them?"

"It's very simple. In the morning, eat some avocado, the Australians do it all the time and it's really nice. Then you can also have a banana. But don't eat too much in the morning, your body isn't fully awake yet. Some almonds as a dried fruit will finish off your breakfast. Around 11.30am, you can eat a good meal. Eat your fruit before the meal, it's better for digestion. Indulge yourself, eat some apricots, some apples. And vary your fruit each day.

fruits : fruits
avocat : avocado
banane : banana
amandes : almonds
en guise de : as a
digestion : digestion
abricot : apricot
pomme : apple
varier : vary

Hélèna conseillait pleins de choses avec les fruits. Notamment le **citron** pour les problèmes de **foie, l'olive** était très bonne pour pleins de choses aussi. Dans l'olive il y a de tout disait-elle. La banane vous apportera du **calcium**, les lentilles, du fer, le chocolat, avec **parcimonie** bien sûr et 100% cacao, vous donnera du **magnésium**. Il y a de tout, dans tout, et il faut de tout !

L'après-midi terminée, Hélèna est retourné au studio de yoga pour donner les cours du soir.

— Ce soir, nous allons commencer à travailler sur nos **articulations. Stimuler** correctement ses articulations permet d'éviter **les problèmes d'arthrose et de cartilages. Fléchissez les cuisses** et **serrez vos jambes** l'une contre l'autre. Mettez vos deux mains sur vos genoux et faites leur faire des petits cercles. Ensuite, faites tourner vos avant-bras pour délier vos **coudes**.

Nous utilisons nos articulations tous les jours disait Hélèna. Il faut y faire attention car sinon elles s'usent très vite.

— Bougez lentement votre **nuque**, puis vos épaules.

Hélèna recommended lots of things to do with fruit. Especially, lemons for liver problems, and olives were very good for lots of things as well. There is everything in olives, she said. Bananas will give you calcium, lentils will give you iron and chocolate, 100% cocoa and eaten sparingly of course, will give you magnesium. There's everything in everything and you need it all!

When the afternoon ended, Héléna returned to her studio to take the evening classes.

"This evening, we're going to start working on our joints. Stimulating our joints properly helps to avoid arthritis and cartilage problems. Bend your legs and squeeze them against each other. Put both hands on your knees and make little circles with them. Then rotate your forearms to unlock your elbows."

"We use our joints every day," Helena said. "It's necessary to take care of them because, if not, they will wear out very quickly."

"Move your neck slowly, then your shoulders."

citron : lemon
foie : liver
olive : olive
calcium : calcium
parcimonie : parsimony
magnésium : magnesium
après-midi : afternoon
articulations : joints, articulations
stimuler : boost
arthrose et cartilage : osteoarthritis and cartilage
fléchissez les cuisses : bend your legs
serrez vos jambes : tighten your legs
genoux : knees
coudes : elbows
nuque : the nape/ back of the neck
épaules : shoulders

Ainsi, jour après jour, Héléna s'appliquait à conseiller les autres. Vivre mieux impliquait d'avoir une **hygiène de vie irréprochable**. Point question de **mal bouffe**, ni de laisser son corps **dépérir**. En mangeant bien, on **obtenait** une peau **lisse** et belle. En dormant bien, on pouvait vivre une journée entière et **dynamique**. En faisant des **activités sportives**, on gardait un corps **sain**. Lorsque l'on mange bien, généralement, on tombe moins souvent **malade**. Il n'y a rien d'extraordinaire ou de magique là-dedans, seulement de la **conviction** et une **volonté** forte. La clef, pour réussir sa vie, disait Hélèna, c'était d'être entreprenant, vif, curieux et lucide. Pour elle, s'occuper de soi dans les petites choses de la vie, c'est ce qui fait qu'on vit mieux. Et comme disait Gandhi : "C'est en se changeant soi-même qu'on peut changer le monde !"

So, day after day, Hélèna tries her hardest to advise others. Living better involved having an impeccable lifestyle. Junk food is out the question, and so too is letting her body deteriorate. Eating well results in smooth, beautiful skin. By sleeping well, you could live a full and dynamic day. By doing sporting activity, you maintain a healthy body. When you eat well, you usually get sick less often. There is nothing extraordinary or magical about it, just conviction and a strong will. The key to succeeding in life, according to Hélèna, was to be enterprising, lively, curious and clear-headed. For her, enjoying the little things in life is what made her live better. And as Gandhi said: "It's by changing yourself that you can change the world!"

hygiène de vie : lifestyle
irréprochable : irreproachable
mal bouffe : junk food
dépérir : wither
lisse : smooth
dynamique : dynamic
activités sportives : sports
sain : healthy
malade : sick
conviction : conviction
volonté : willingness
vif : lively
curieux : curious
lucide : lucid, clear-headed

Mais à **quoi bon** faire tout ça, se demandaient certains. De toute façon, on finira bien par mourir, nous ne sommes pas **invincibles** disaient d'autres !

— « Vous vous lavez bien alors que pourtant vous allez vous salir encore et encore n'est-ce pas ? Et bien **c'est pareil**. Et qui vous dit qu'on ne reviendra pas dans une autre vie avec les **bons attributs** qu'on aura développés aujourd'hui ?! » s'était défendu Hélène. Moi, je crois à la doctrine de la **réincarnation** des Bouddhistes !

Mais peu importe finalement, se disait-elle. Ce qui compte, c'est d'être **heureux** dans notre vie. Quand on **sourit**, on se porte mieux. Et quand on est en bonne santé et heureux, on peut **transmettre** notre **bonheur** aux autres pour les rendre heureux. Ainsi, selon Hélèna, **prendre soin de soi**, c'est prendre soin du monde. **S'aider soi-même**, c'est déjà, aider les autres. Chaque personne heureuse peut transmettre le bonheur et la vie à **son prochain**, et faire de son monde un monde meilleur. Tels sont les **hauts idéaux** de Hélèna, soigner son corps et son esprit, comme soigner le monde et son **humanité**. Elle espère qu'un jour, le monde ne souffrira plus de **malnutrition** et de **pauvreté**, matérielle comme spirituelle. Du moins, elle y met toute sa **contribution** et sa force pour que son **rêve** se réalise, demain, comme pour le siècle prochain.

But what is the point of all that, some wondered. Others said: We're all going to end up dead anyway, we aren't invincible!

"You wash yourself well even though you are going to get dirty again and again, don't you? Well, it's the same thing. And who told you that we don't return in another life with the good attributes that we developed today?!" Hélèna defended herself. "Personally, I believe in the Buddhist theory of reincarnation!"

But it doesn't really matter at the end of the day, she said to herself. What matters is being happy in our own lives. When we smile, we feel better. And when we're healthy and happy, we can transfer our happiness to others to make them happy. So, according to Hélèna, taking care of yourself is taking care of the world. Helping yourself is, in itself, helping others. Every happy person can pass on happiness and life to their neighbor and make their world a better one. Such are Hélèna's grand ideas, taking care of her body and mind is like taking care of the world and humanity. She hopes that one day the world will no longer suffer material, as well as spiritual, malnutrition and poverty. At least, she is putting all her effort and strength into realizing her dream, tomorrow, and in the years to come.

à quoi bon : what's the point
invincible : invincible
c'est pareil : it's the same
bons attributs : good attributes
réincarnation : reincarnation
heureux : happy
sourire : smile
transmettre : share

bonheur : happiness
prendre soin de soi : take care of yourself
s'aider soi-même : help yourself
son prochain : his neighbor a son prochain = to another person/to others
hauts idéaux : high ideals
humanité : humanity
mal nutrition : malnutrition
pauvreté : poverty
contribution : contribution
rêve : dream

VOCABULARY RECAP

exemplaire : exemplary

machine : machine

soigner : look after

délicatesse : delicacy

attention : attention

techniques : techniques

relaxation : relaxation

respiration : breathing

calme intérieur : inner calm/peace

credo : creed

organe : organ

spécificité : specificity

indispensables : required

traiter : treat

studio de yoga : yoga studio

prof de yoga : yoga teacher

remarquablement : remarkably

équipé : equiped

tapis : mat

sangles de yoga : yoga straps

coussins de médiation : meditation /pillows

postures de yoga : yoga poses

la posture pince debout, du triangle : standing forward bend, triangle pose

la pose de l'enfant : child pose

en revanche : however

accessible : available or accessible

débutants : beginners

instructif : instructive
bonne manière : right way
s'étirer : stretch out
jambes : legs
élèves : students
étendez vos bras : extend your arms
doigts : fingers
se redresser : straighten
se masser : to massage
reins : kidneys
cou : neck
fermez les deux poings : make fists with your hands
faire des cercles avec la tête : make circles with your head
de longues et profondes respirations : long deep breaths
gymnastique : gymnastic
se réveiller : to wake up
cuir chevelu : scalp
front : forehead
joues : cheeks
nez : nose
menton : chin
lèvres : lips
cligner des yeux : to blink
outil : tool
cartable : backpack
dents : teeth
langue : the tongue
oreilles : the ears
respirer convenablement : breathe properly

gonfler : inflate

lente respiration : slow breathing

transférer : to transfer

souffle : breath

poitrine : chest

poumons : lungs

passion : passion

pratiquer : practice

représentation : representation

assemblée : assembly

être absorbé : be absorbed

obèse : obese

signifier : mean

correctement : correctly

définitivement : definitely

experte : expert

inimaginable : unimaginable

la posture du lotus, de la montagne, du chien tête en bas, de la grue ou du corbeau : lotus pose, mountain pose, down dog pose, crane or raven pose

la posture de la foudre : varja pose

frictionner : rub

parcelles : plots

dilater : expand

sanguin : sanguine

circuler : flow

sang : blood

optimal : optimal

vaillant : valiant, brave

douche froide : cold shower

immortel : immortal

prétendre : claim, to pretend

adepte : adept

primordiales : essential

pores de la peau : skin pores

garder votre colonne droite : keep your back or spine straight

épaules : the shoulders

bras : arms

mains : hands

doigts : fingers

ongles : fingernails

conseiller : to advise

raison de vivre : purpose in life, reason to live

débloquez votre hanche : unlock your hip

rigide : rigid

souplesse : flexibility

méridiens : meridians

irriguer : irrigate

nerfs : nerves

orteils : toes

poignets : wrists

rate : the spleen

coeur : heart

gorge : throat

végétalienne : vegan

viande, de porc ou de poulet ni de poisson : meat, pork or chicken or fish

produits laitiers : dairy products

lait : milk

oeufs : eggs

faire souffrir : to hurt/to cause pain

faire souffrir un animal : to make an animal suffer

asservir : enslave

santé : health

s'il y a un restaurant végétarien dans les alentours : if there is a vegetarian restaurant near here

s'il y a des plats végétaliens : if there is vegetarian dishes

je ne mange pas de produits issus des animaux ou de leur exploitation, ni du miel, oeufs ou laitage et ses dérivés : I don't eat any animal by-products, neither honey, eggs nor dairy and its derivatives

fondamentale : fundamental

le label bio : organic label

je mange des légumes, des céréales et des grains : I eat vegetables, cereals and grains

plus varié : diverse

steak haché : chopped steak

petis-pois : peas

haricots verts : green beans

lentilles : lentils

poireau : leek

pois-chiches : chickpeas

recettes : recipes

magasins diététique ou bio : health or organic food shop

panier : basket

germes de soja : bean sprouts

farine noire : whole meal flour

pétales / flocons d'avoine : oats

tofu : tofu

teneur en fer : iron content

méditation : meditation

introspection : introspection

réaligner : align

bien manger : eat well

vous connaître : to know yourselves

blocages psychologiques : psychological blocks/mental blocks

peurs : fears

défauts : defaults

désirs : desires

discipline : discipline

esprit : mind

compassion : compassion

don : donation

sagesse : wisdom

amour : love

pardon : forgiveness

respect : respect

devoir : duty

savoir être : social skills

illumination : illumination

cours particuliers : private tutoring

âgée : senior

améliorer : improve

levez les jambes vers le ciel : lift your legs up / towards the ceiling

surplus : surplus, excess

chevilles : ankles

talons : heels

penchez-vous doucement vers l'avant et expirez en vous penchant : bend slowly forward and exhale as you lean

redressez-vous : straighten up

inspirez : inhale

respiration du feu : breath of fire

accroupissez-vous : crouch down

asseyez-vous, les jambes tendues devant : sit with legs straight out in front

régime : diet

viande rouge : red meat

compléments alimentaires : food supplements

boulghour : bulgur

mets : dishes

fruits : fruits

avocat : avocado

banane : banana

amandes : almonds

en guise de : asa

digestion : digestion

abricot : apricot

pomme : apple

varier : vary

citron : lemon

foie : liver

olive : olive

calcium : calcium

parcimonie : parsimony

magnésium : magnesium

après-midi : afternoon

articulations : joints, articulations

stimuler : boost

arthrose et cartilage : osteoarthritis and cartilage

fléchissez les cuisses : bend your legs

serrez vos jambes : tighten your legs

genoux : knees

coudes : elbows

nuque : the nape/ back of the neck

épaules : shoulders

hygiène de vie : lifestyle

irréprochable : irreproachable

mal bouffe : junk food

dépérir : wither

lisse : smooth

dynamique : dynamic

activités sportives : sports

sain : healthy

malade : sick

conviction : conviction

volonté : willingness

vif : lively

curieux : curious

lucide : lucid

à quoi bon : what's the point

invincible : invincible

c'est pareil : it's the same

bons attributs : good attributes

réincarnation : reincarnation

heureux : happy

sourire : smile

transmettre : share

bonheur : happiness

prendre soin de soi : take care of yourself

s'aider soi-même : help yourself

son prochain : his neighbor a son prochain = to another person/to others

hauts idéaux : high ideals

humanité : humanity

mal nutrition : malnutrition

pauvreté : poverty

contribution : contribution

rêve : dream

PRACTICE YOUR WRITING

Write a short summary of this story. Do not paraphrase please.

Sample:

Pour Hélèna, le corps n'est guère plus qu'une machine. Mais attention, pas n'importe quelle) machine ! C'est une machine qui coûte cher et dont il faut prendre soin avec beaucoup d'attention. Mangez mieux, dormez mieux et respirez mieux pour vivre mieux ! Telle était et sera la devise d'Hélèna. En effet, Hélèna pratique et enseigne le Yoga depuis presque dix ans, et se voue entièrement à la pratique d'une vie plus saine et plus intelligente. Tous les jours, en tant que professeur de Yoga, elle donne donc des cours de méditations et de posture dans son studio de Yoga. Mais ce n'est pas tout, Hélèna donne aussi des cours particuliers à domicile. Et ce qu'elle enseigne, bien sûr, elle le pratique sur elle-même. Par ailleurs, allant de paire avec le Yoga, Hélèna a décidé d'appliquer le bien-être sur sa manière de manger. Ainsi, elle ne mange pas de viande, ni de produits laitiers, elle est donc végétalienne. En bref, du matin jusqu'au soir, elle respecte alors une discipline rigoureuse qui n'a pour vocation que de rendre sa vie plus heureuse. Car Hélèna possède un haut idéal. C'est en se rendant la vie de tous les jours plus belle, plus facile et plus agréable que l'on peut atteindre le bonheur, et le donner aux autres.

HISTOIRE 4 : TEO, LE GÉNIE DE L'INTERNET // TEO, THE INTERNET WIZARD

S'il y en a bien un qui connaît tout de **l'informatique** et des **réseaux**, c'est bien Teo. Déjà tout petit, il **fouinait** dans ces espèces de **boîtes métalliques** que l'on appelle aujourd'hui des **ordinateurs**. Il s'amusait parfois à échanger les **touches des claviers**, changer la place des **virgules**, des **points**, des **parenthèses** ou des **guillemets**. Ses parents n'en pouvaient plus parce qu'ils faisaient alors tout le temps des **fautes de frappe**. Maintenant presque vingt ans plus tard, Teo est actuellement **employé** dans une **société de communication**, à la fois pour ses **compétences informatiques** que pour sa connaissance des médias sociaux. C'est une aubaine pour ses supérieurs qui voient en Teo la graine d'un futur génie. Il y a peu, Teo, qui est aussi ingénieur en programmation, a connecté tous les ordinateurs de son entreprise entre eux pour permettre une meilleure communication. Teo sait parler aux ordinateurs, il utilise un **langage machine** optimisé qui lui permet de

coder plus rapidement. De plus, ayant récemment équipé tous les ordinateurs de **barrettes de mémoire** encore plus performantes, Teo arrive désormais à obtenir des vitesses de calculs impressionnantes. Chaque **station de travail** possède le matériel nécessaire digne des technologies les plus **convoitées. Le moniteur couleur, c'est démodé** aujourd'hui, chaque employé possède maintenant les derniers écrans plats haute définition et une **imprimante** personnelle, **imprimante laser** bien sûr. Chaque ordinateur était équipé du dernier **système d'exploitation** en vogue et des derniers **logiciels** qui venaient de sortir. Enfin, certains préféraient garder leur **ordinateur portable**, mais le plus souvent, il s'agissait des journalistes ambulants. On peut les comprendre, étant donné qu'ils devaient pouvoir couvrir n'importe quel évènement, en étant totalement libres et mobiles, prêts à agir sur le terrain directement.

If there's one person who knows everything about computer science and networks, it's Teo. Even from a young age, he would rummage through these metal boxes that today we call computers. He sometimes enjoyed swapping the keyboard keys, changing the position of commas, full stops, brackets or quotation marks. His parents couldn't stand it anymore because they were always making mistakes. Now, nearly twenty years later, Teo is an employee in a communications company, both for his IT skills and his knowledge of social media. He's a godsend for his bosses who see a potential future genius in Teo. Recently, Teo, who is also a software engineer, connected all his company's computers to each other to allow for better communication. Teo knows how to talk to computers, he uses an optimized machine language which helps him to code faster. Moreover, having recently equipped all the computers with even more efficient memory modules, Teo can now achieve impressive computing speeds. Each workstation has the necessary equipment worthy of the most coveted technology. The color monitor is outdated today, so each employee now has the latest high definition flat screens and a personal printer, a laser printer of course. Each computer was equipped with the latest operating system and software which had just been released. However, some people preferred to keep their laptops, but more often than not, they were traveling journalists. That's understandable, given that they had to be able to cover any event, whilst being completely free and mobile, ready for action in the field.

l'informatique : computer science/ information technology (IT)
réseaux : networks
boîtes métalliques : metal boxes
ordinateurs : computers
touches des claviers : keyboards keys

virgules : commas
points : full stops
parenthèses : brackets
guillemets : quotes
fautes de frappe : mistakes
employé : employee
société de communication : communication society
compétence informatique : computer literacy or skills
médias sociaux : social media
aubaine : boon
programmation : programming
connecté : connected
langage machine : machine code
coder : code
barrettes de mémoire : computer memory, memory modules
station de travail : work-station
convoitées : coveted/desired
moniteur couleur : colour monitor
c'est démodé : it's outdated
écran plat haute définition : high definition flat screen
imprimante : printer
imprimante laser : laser printer
système d'exploitation : operating system
logiciels : softwares
ordinateur portable : laptop

Teo lui même utilisait l'ordinateur et **internet** à des fins personnelles. Comme beaucoup de gens, il possédait **un compte** Facebook qu'il utilisait seulement dans le cadre de ses **relations amicales**. Il se plaisait régulièrement à retrouver ses anciens amis d'écoles mais n'ajoutait jamais les **amis en commun** de ses propres amis. Sauf si bien sûr il connaissait la personne. Mais il savait que parfois internet n'était pas toujours très **fiable** et ne souhaitait pas tomber sur **un inconnu** qui pouvait **pirater** son compte. C'est d'ailleurs pour cela qu'il faisait très attention à ses **paramètres de confidentialité** et de **vie privée**. Seuls lui et ses amis pouvaient voir le **contenu** de ce qu'il publiait. Il avait même constitué **des groupes** de personnes, comme amis proche, famille et autres, dans sa propre liste d'amis. Teo utilisait aussi internet pour ses **petits plaisirs**. Il aimait effectuer de temps en temps des **achats en ligne**, souvent des livres sur lesquels il avait appliqué la **mention j'aim**e sur le Facebook de ses auteurs **préférés**. Teo était aussi un **amateur de bonne cuisine** et consultait souvent les publications avec le hashtag marmiton.org ! Il suivait **quotidiennement** le **fil de discussion** de ce groupe avec lequel il animait bénévolement **un forum**.

Teo, himself, used the computer and internet for his personal needs. Like many people, he had a Facebook account which he only used for socializing. He often liked reconnecting with old school friends but never added the mutual friends of his own friends. Unless he knew them of course. But he knew that sometimes the internet wasn't always trustworthy, and he didn't want to come across a stranger who could hack his account. That's why he paid close attention to the privacy settings and his private life. Only he and his friends could see the content he posted. He even made groups of people, like his close friends, family and others, in his own friends list. Teo also used the internet for his guilty pleasures. He liked to shop online from time to time, often for books from his favorite authors that he had 'liked' on Facebook. Teo was also an amateur foodie and often looked at the posts with the hashtag marmiton.org! Every day, he followed the discussion thread of this group which hosted a free forum.

internet : internet
un compte : an account
relation amicale : friendship
amis en commun : mutual friends
fiable : reliable
un inconnu : a stranger
pirater : hack
paramètres de confidentialité : privacy settings
vie privée : private life
contenu : content
des groupes : groups
petits plaisirs : small pleasures
achat en ligne : online shopping
mention j'aime : like on Facebook
préférés : favorite

Histoire 4 : Teo, Le Génie de l'Internet // Teo, the Internet Wizard

amateur de bonne cuisine : foodie
hash-tag : mot dièse
quotidiennement : daily
fil de discussion : a discussion thread
un forum : a forum

Aujourd'hui, Teo est donc **chargé de projet** et dirige une équipe entière. Et cette année, on lui a confié une mission très importante, **diffuser** largement toute **l'actualité** du fameux Festival International du Film en France, le Festival de Cannes. Il est à la fois **responsable technique** et **chargé de communication**. Le Festival de Cannes est un évènement mondial et très important qui nécessite d'être largement diffusé sur les **réseaux sociaux**. Afin d'avoir **des conditions de travail** parfaites, son entreprise a **loué** des locaux dans l'un des fameux hôtels qui bordent la croisette, le grand et majestueux hôtel Carlton. C'est ainsi que son équipe et lui même sont alors partis une semaine avant le début des **festivités** pour tout préparer. Ils ne pouvaient pas se permettre qu'un ordinateur ou que la connexion internet tombe en panne. Le premier jour avait été plutôt sportif car ils avaient reçu tout le matériel par le biais d'un transporteur. Tout était empaqueté, les **disques durs externes**, outil primordial pour **stocker les données**, comme le **disque flash** d'ailleurs, toute la panoplie de **CD-ROM**, les claviers, les **souris sans fils, les écrans** et bien d'autres outils. L'installation leur a pris quasiment la journée.

Today, Teo is a project manager and is leading an entire team. And this year, they entrusted him with a very important mission, to broadcast far and wide all the news from the famous International Film Festival in France, the Cannes Film Festival. He is both the technical and communications manager. The Cannes Film Festival is a very important, global event which needs to be broadcast far and wide on social media. In order to have perfect working conditions, his company has rented offices in one of the famous hotels which run alongside la Croisette, the grand and majestic Carlton Hotel. So, he and his team left a week before the start of the festival to prepare everything. They could not afford for a computer or the internet connection not to work. The first day had been rather active because they had received all the equipment via a courier. Everything was unpacked: the external hard drives, the essential tool for storing data, like a flash drive, the whole range of CD-ROMs, the keyboards, the wireless mice, the screens and many other tools. The set up took them practically all day.

chargé de projet : project manager
diffuser : broadcast

l'actualité : news
responsable technique : technical manager
chargé de communication : communication manager
évènement : event
réseaux sociaux : social networks
conditions de travail : working conditions/work environment
louer : to rent
festivités : festivities
connexion internet : internet connection
tomber en panne : to crash/to go down
disque dur externe : external hard disk
stocker les données : store the data
disque flash : flash disk
CD-ROM : CD-ROM
souris sans fil : wireless mouse
écran : screen

Ceci fait, Teo s'est mis à **configurer les serveurs internet, les bases de données, les accords avec les fournisseurs d'accès et les mots de passe** pour chaque **journaliste**. Tout était fin prêt au bout de trois jours. Teo a été quelque peu embêté par des problèmes de **déconnexions intempestives** mais a finalement réussit son pari. À quatre jours du lancement du Festival, toute sa petite équipe pouvait déjà commencer à travailler. Ils ont mis en place une page Facebook spéciale Festival de Cannes et **actualisé le statut** : Le Festival de Cannes, vu par nos meilleurs rédacteurs !

With this done, Teo started to configure the internet servers, the databases, the agreements with the service providers and the passwords for each journalist. Everything was ready after three days. Teo was somewhat annoyed by untimely disconnections but he managed to succeed in the end. With the launch of the festival four days away, the entirety of his small team could start working now. They set up a special Facebook page for the Cannes Film Festival and updated the status: Cannes Film Festival, as seen by our best writers!

configurer : configure/set up
serveur internet : internet server
base de données : database

Histoire 4 : Teo, Le Génie de l'Internet // Teo, the Internet Wizard

accord avec les fournisseurs d'accès : agreement with the service provider
mot de passe : password
journaliste : journalist
déconnexions intempestives : unwanted disconnections
actualiser le statut : update the status

Déjà, plus d'une centaine de personnes s'étaient **abonnées** à la page. Les premiers étant ceux qui avaient **souscrit** à un **abonnement** spécifique pour le Festival en tant que **contributeurs**. Mais très vite, grâce à la **stratégie de communication** de Teo, le nombre **d'inscriptions** en est presque **devenu viral**. C'est ainsi que deux jours à peine avant le début du Festival, il y avait cinq mille **demandes d'ajout à la liste d'amis.** Tous voulaient suivre cette page en particulier car c'était presque la seule qui **diffusait** l'actualité du Festival en temps réel.

Already, more than a hundred people had subscribed to the page. The first had been those who had signed up to a specific subscription for the festival as contributors. But very quickly, thanks to Teo's communication strategy, the number of registrations almost went viral. So much so that barely two days before the start of the festival, he had five thousand friend requests. They all wanted to follow this particular page because it was almost the only one which was broadcasting the news of the festival in real time.

abonnées : subscribers
souscrire : subscribe
abonnement : subscription
contributeur : contributor
stratégie de communication : communication strategy
inscription : registration
devenu viral : went viral
demande d'ajout à la liste d'amis : friend request
diffusait : broadcasted

Un espace de **discussion** avait été mis en place pour permettre aux **internautes** de laisser des **commentaires en instantané** sur les news. Bien sûr, trois **modérateurs** consultaient sans interruption **le chat** pour **contrôler** les propos des internautes. Si quelqu'un portait des propos racistes ou **vulgaires**, il était automatiquement

bloqué. D'autre part, une **application mobile** que Teo avait **développée** le mois précédent a été mise en ligne pour épauler leur compte Facebook. L'application était directement connectée aux divers médias sociaux de leur entreprise, pas besoin de faire des **copier/coller**, elle **se mettait à jour** toute seule.

A discussion space had been set up to allow internet users to leave comments on the news instantly. Of course, three moderators continuously read the chat to monitor what the internet users are saying. If anyone used racist or vulgar language, they were automatically blocked. In addition, an app that Teo had developed the month before had been put online to support their Facebook account. The app was directly linked to their company's various social media accounts, no need to copy and paste, it updated itself.

discussion/ clavardage : chatting
internaute : web user
commentaire instantané : instant comment
modérateur : moderator
le chat : chat
contrôler : to control
vulgaire : vulgar
bloquer : block
application mobile : mobile app
développer : develop
copier/coller : copy/paste
se mettre à jour : to update

Le jour J, les journalistes ont envoyé un **message privé** à tous **les suiveurs (followers)** inscrits dans le **répertoire** de la société. L'heure suivante, **le flux d'activités** était spectaculaire. Tous les comptes, Facebook, Twitter, Instagram et même certains Snapchat des journalistes qui faisaient des selfies/égo-portraits avec les stars, étaient complètement saturés ! Il faut dire que le Festival de Cannes, tous les ans, est un **sujet tendance** qui regroupe toute **une communauté de fans**. **Une foire aux questions** avait été installée sur leur site pour permettre aux gens de poser leurs questions quant aux films et acteurs **nominés**. En bref, **la couverture médiatique** était totale. Des blogueurs reprenaient même leurs informations. Quand on tapait : festival de cannes, dans **le moteur de recherche**, on tombait en première page sur leur **site d'actualités,** seul **vecteur d'information** véritable du festival. Il faut dire que leur **mur d'informations**

Facebook était constamment actualisé et les **publications** largement **partagées**. Et pour les trouver sur Facebook, c'était très simple, leur **nom d'utilisateur**, temporaire, était Festival de Cannes. **En photo de profil**, on pouvait voir le tapis rouge du palais des festivals.

The day had come and the journalists sent a private message to all their followers registered on the company directory. The following hour, the social media feeds were spectacular. All the accounts, Facebook, Twitter, Instagram and even some of the Snapchats of journalists who took selfies with the stars, were completely swamped! It has to be said that the Cannes Film Festival, each year, is a trending topic which gathers together a whole community of fans. FAQs had been set up on their website to help people ask their questions about the films and actors nominated. In short, the media coverage was total. Bloggers even used their information. When you typed 'Cannes Film Festival' in the search engine, you came across their news site on the first page, the festival's only true information source. And it was very simple to find their Facebook site, their username was temporarily Cannes Film Festival. In their profile picture, you can see the red carpet at the Palais des Festivals.

message privé : private message
les suiveurs : followers
répertoire : directory
le flux d'activités : feed (facebook feed)
égo-portraits : selfies
sujet tendance : a trending topic
communauté de fans : fandom, fans community
une foire aux questions : FAQs, frequently asked questions
nominés : nominees
couverture médiatique : media coverage
moteur de recherche : search engine
site d'actualités : news site
vecteur d'information : carrier of informations
mur d'informations : wall of informations
publications : publications/posts
partager : to share
nom d'utilisateur : username
photo de profil : profile picture

Chacun pouvait poster quelque chose sur leur mur du moment qu'on s'était **identifié**, sous couvert d'un contrôle des modérateurs, comme toujours. Tout ce qui était de l'ordre du **ragot et des potins** était **supprimé**, ce n'était pas un magazine de paparazzi.

Everyone could post something on their wall, under the watchful eyes of the moderators as always, as long as they were logged in. Everything that was gossip was deleted, this wasn't a paparazzi magazine.

poster : to post
identifié : logged in
ragot, potin : gossip
supprimer : remove/delete

Chaque commentaire était **tweeté** et c'est ainsi qu'un véritable **réseautage social** s'était mis à vivre sur **la toile** du web grâce aux compétences informatiques de Teo. Son travail consistait à **simplifier la vie** de ses journalistes comme de leurs lecteurs. À **l'essor** des nouvelles technologies, **l'ère informatique** profitait finalement à tout le monde.

L'équipe de Teo était aussi constituée de quelques **stagiaires**. Teo avait dû leur faire une formation afin qu'ils puissent correctement **rédiger un post.**

Each comment was tweeted and so they began to experience the true power of social networking on the web thanks to Teo's technical abilities. His work included simplifying the life of journalists as well as their readers. With the growth of new technologies, the digital age ultimately benefited everyone.

Teo's team was also made up of a few interns. Teo had to train them so that they could write a post properly.

tweeté : tweeted
réseautage social : social networking
la toile : the Web
simplifier la vie : to make life easier
l'essor : growth
l'ère informatique : computer age
stagiaire : trainee
rédiger un post : write a post

— **Le titre** de votre article doit être rédigé en **caractères majuscules gras**. **Les sous-titres** sont souvent écrits en **caractères minuscules et en italiques**. Il faut que cela soit **lisible pour chaque ordinateur**. Essayez de faire tenir vos actualités dans l'espace d'une **fenêtre** afin que les utilisateurs n'aient pas à descendre la page pour lire la suite. Vous pouvez bien entendu ajouter des **liens permanents** pour agrémenter vos articles, c'est même conseillé. Le but c'est que cela touche le maximum de personnes, il nous faut de la **visibilité**. Consultez **l'historique personnel** des comptes Facebook afin d'éviter de faire des articles **redondants**. Chez nous, on recherche de l'originalité et du créatif. Et surtout, faites relire vos articles avant de les publier. Les fautes de frappe ne font pas bonne publicité. Alimentez en nouvelles constamment, ne perdez pas votre public. Recrutez de nouveaux **membres** volontaires si besoin.

"The title of your article must be written in bold, capital letters. The subheadings are often written in lower-case italics. It needs to be readable on every computer. Try to keep your news in the space of one window so that the users don't have to scroll down the page to keep reading. You can of course add permalinks to liven up your articles, I even recommend it. The goal is to reach as many people as possible, we need visibility. Look at the personal search history of Facebook accounts to avoid writing redundant articles. Here, we look for originality and creativity. And above all, proofread your articles before publishing them. Spelling errors do not make for good publicity. Supply the news constantly, do not lose your audience. Recruit new, voluntary members if necessary.

le titre : the title
caractères majuscules gras : capital letters in bold
sous-titres : subtitles(subheadings (in this case))
caractères minuscules, italiques : lower-case letter, italics
lisible pour chaque ordinateur : readable for each computer
fenêtre : window
liens permanents : permanents link (permalinks)
visibilité : visibility
historique personnel : personal history
redondants : redundant
alimentation en nouvelles : adding news
membres : members

L'équipe rédactionnelle était vraiment motivée. Il y avait aussi des **JRI, journalistes reporteurs d'images**, qui parcouraient la croisette en long et en large pour interviewer les passants et filmer l'arrivée des stars dans leurs hôtels. C'était un véritable **panaché** de sensations fortes. La croisette était particulièrement **bondée** pendant les quinze jours du festival. Tous les vingt mètres il y avait, en bordure de mer, des **plateaux télévisés** qui venaient du monde entier. Arte, Canal +, M6, TF1, toutes **les chaînes françaises** étaient représentées. Il y avait une sacrée **concurrence** en matière d'informations. Ainsi, la **ligne éditoriale** de l'équipe de Teo devait être irréprochable.

Tous les matins, c'était **réunion de crise** dans le bureau de direction aménagé à l'hôtel.

The editorial team was truly motivated. There were also video journalists, image journalists, who scoured la Croissette back and forth to interview the bystanders and film the stars arrive at their hotels. It was a real mix of thrills. La Croisette was particularly crowded throughout the fifteen days of the festival. Every twenty meters, by the sea, there were television sets from all over the world. Arte, Canal +, M6, TF1, all the French channels were there. There was one hell of a lot of competition for information. So, Teo's team's editorial line had to be flawless.

Every morning, they had crisis meetings in the management office set up in the hotel.

JRI, journalistes reporteurs d'images : video/image journalist
Panaché : mixed
bondée : crowded
plateaux télévisés : television studios
les chaînes françaises : french channels
ligne éditoriale : editorial line
réunion de crise : crisis meeting

— Soyez réactifs, il nous faut **le monopole de l'information** si l'on veut faire de **l'audimat** ! disait Teo à son équipe. Je veux cinq community managers **24h/24** sur les réseaux sociaux. Il nous faut dix journalistes permanents sur tous **les pôles de l'information**, les **correcteurs** et des **diffuseurs** ! On doit être à la pointe de l'information. Alimenter le fil d'actualité toutes les dix minutes, mais évitez **la surcharge d'évènements**. On veut du concis et du clair, de l'info à **grignoter**, des news à **picorer** et du post à faire le buzz ! Identifiez les internautes sur les articles et les photos, ça les amènera à **aimer le post. Inondez les messageries** d'informations avec l'intitulé : **en exclusivité** ! La page d'accueil doit constamment être actualisée et retouchée avec de nouvelles photos **d'arrière-plan**. N'hésitez pas à **surfer** sur le **Web** pour dégoter d'autres news. Faites des **recherches d'amis**, des **demandes de contact**, invitez à **aimer la page, recherchez la gloire** ! Si quelqu'un a un comportement négatif, **retirez-le des abonnés**. Ne répondez pas aux **méls**, ce n'est pas de notre ressort.

"Be reactive, we need to monopolize the information if we want to get high ratings!" Teo said to his team. "I want five community managers working around the clock on social media. We need ten permanent journalists on all the information sources, editors and broadcasters! We have to be on top of the latest information. Add posts to the news feed every ten minutes but avoid an overload of events. We want clear, concise information to nibble at, news to pick at and posts to create hype! Tag the internet users in the articles and photos, this will lead to them liking the post. Post loads of informative messages with the title: Exclusive! The welcome page must be constantly kept up to date and refreshed with new background photos. Don't be afraid to surf the web to find other news stories. Search for friends, friend requests, invite them to like the page, seek fame! If anyone has a negative attitude, remove them as a subscriber. Don't respond to emails, it's not our responsibility."

monopole de l'information : monopoly of information
audimat : high tv ratings
24h/24 : all the 24 hours, all the time
les pôles de l'information : the poles of information
correcteurs : reviewers
diffuseurs : broadcasters
à la pointe de l'information : at the cutting edge of news/information
alimenter le fil d'actualité : add posts to the news feed
surcharge d'évènements : overload of events
grignoter : nibble
picorer : pecking
aimer le post : like the post
inondez les messageries : (flood) post lots of messages
arrière-plan : background
surfer : to browse
le web : the Web

recherches d'amis : friends' research
demandes de contact : contact requests
aimer la page : like the page
recherchez la gloire : to seek fame
retirez-le des abonnés : remove him from the subscribers, unfriend him
méls : emails

Teo était un véritable **meneur**. Il avait ce don pour dynamiser ses **troupes**. C'est d'ailleurs pour cela qu'il avait été nommé **directeur de rédaction**. Il maniait avec aisance la technique comme la communication.

Après deux grosses semaines de travail acharné, quinze jours passés à parcourir internet, le festival touchait à sa fin avec la fameuse **soirée de clôture**. Ce n'était pas le moment de **lambiner** ni de baisser les bras car c'était la journée la plus importante. Les participants **en lice** allaient recevoir leurs **récompenses** et il ne fallait rien manquer. **La presse** du monde entier avait les yeux rivés sur les écrans, prêts à rédiger la news qui **ferait la Une** de tous **les journaux** et de tous les sites Web. **Les fils d'alimentation en nouvelles RSS** tournaient à pleine cadence, chaque instant, chaque seconde faisait l'objet d'un commentaire. **Les caméras** du monde entier filmaient la cérémonie et **retranscrivaient** le tout **en direct**, à la télévision, et sur le Web **en streaming**. Enfin, le résultat a été annoncé dans un tonnerre d'applaudissements et d'acclamations !

Teo was a true leader. He had this gift for galvanizing his troops. That's why he was appointed managing editor. He handled the technical as well as the communication side with ease.

After two long weeks of unrelenting work and fifteen days spent browsing the internet, the festival came to an end with the famous closing ceremony. It wasn't the time to dawdle nor throw in the towel because this was the most important day. The competing participants were going to receive their awards and you couldn't miss anything. The whole world's press had their eyes glued to the screen, ready to write the front page news for all the newspapers and all of the websites. The RSS feeds were spinning at full speed, every moment, each second was the subject of a story. Cameras from around the world were filming the ceremony and transcribing it all live to the television and streaming it online. Finally, the result was announced with thunderous applause and cheers!

meneur : leader

troupes : troops
directeur de rédaction : managing editor
soirée de clôture : closing ceremony
lambiner : dawdle
récompense : award
la presse : press
faire la une : be on the first page
les journaux : newspapers
les fils d'alimentation en nouvelles RSS : an RSS feed
caméras : cameras
retranscrire : transcribe
en direct : live
en streaming : in streaming/live

Mais le travail n'était pas encore terminé pour nos journalistes dévoués. Il était temps dès à présent de **mettre en ligne** tous les podcasts prêts pour la **rediffusion** des moments forts. Certains travaillaient déjà à une **rétrospective** et propulsaient de gros titres **aguicheurs** sur la toile : Revivez cette semaine de folie avec nous ! Le Festival de Cannes, ce qui ne fallait pas manquer. Le Festival en image...etc.

But the work was not yet over for our devoted journalists. It was now time to put all the podcasts online, ready to replay the best moments. Some were already working on a retrospective and were throwing out enticing headlines on the web. "Relive this crazy week with us! The Cannes Film Festival, don't miss it! The festival in pictures etc..."

mettre en ligne : upload
rediffusion : replay
rétrospective : retrospective
aguicheurs : enticing

Teo et son équipe **croulaient** sous une charge impressionnante de travail. Les photographes publiaient leurs photos sur Instagram, les journalistes dans plusieurs **revues de presse**, des journaux locaux, des **journaux télévisés** tandis que bien sûr, le tout était **relayé** par le site de Teo. C'était tout un monde qui **fourmillait** pendant d'interminables journées, derrière leurs écrans à échanger des **courriels**, des **données** et des **statistiques**. Heureusement que Teo était là pour coordonner tout ce petit monde. Il avait d'ailleurs crée un petit logiciel pour organiser toutes les équipes et **optimiser**, au mieux, le **calendrier** de tous. Le tout était bien sûr connecté aux **téléphones portables** de chacun sous la forme d'une application. Il suffisait juste de **cocher les tâches** déjà résolues.

Teo and his team were weighed down by a considerable workload. The photographers posted their photos on Instagram, the journalists in several press reviews, local newspapers and TV news while, of course, everything was put onto Teo's website. The whole world toiled during the endless days, behind their screens, exchanging emails, information and statistics. It was lucky that Teo was there to coordinate this little group. He created a bit of software to organize all the teams and to optimize, as best he could, everybody's schedule. It had all, of course, been connected to each person's mobile phone in the form of an app. You simply had to check off the tasks that had already been done.

crouler : to collapse, to be overloaded
revues de presse : press reviews
journaux télévisés : tv news
relayer : relay
fourmiller : swarm, teem
courriels : email
données : data
statistiques : statistics
optimiser : optimize
calendrier : schedule, calendar
téléphones portables : mobile phones
cocher les tâches : check the tasks

Malgré toute cette **effervescence**, il a bien fallu que les choses se calment. À la suite du Festival, tout le monde est parti quelques jours en vacances après ces quinze jours si fatigants. Au retour de tous, une grande nouvelle est venue égayer l'ensemble de l'équipe qui, il faut l'avouer, avait superbement bien travaillé. Ils avaient battu tous les **records de vues** sur tous les réseaux sociaux et avaient obtenu dès lors **une subvention phénoménale** pour l'année prochaine. Ils deviendraient les **partenaires officiels** du Festival de Cannes, **premier relai de l'information** des **coulisses** du festival ! Ils auraient le droit et l'accès à toutes les avant-premières et seraient les détenteurs des informations les plus

revendiquées par **la presse mondiale** ! Et pour couronner le tout, Teo avait été promu **directeur général** des équipes de presses de tout le Festival.

Despite all this excitement, things really had to calm down. Following the festival, everyone went on holiday for a few days after fifteen exhausting days. Upon everyone's return, there was great news to cheer the entire team up who, it has to be said, had worked superbly well. They had broken all the viewing records on all social media and had received a phenomenal grant for next year. They would become official partners of the Cannes Film Festival, the premier backstage information provider for the festival! They would have access to all the previews, and they would be the bearers of all the information the world press desired the most! And to top it all off, Teo was promoted to managing director of press teams for the whole festival.

effervescence : effervescence
égayer : cheer, joy
records de vues : records of view
subvention phénoménale : phenomenal grant
partenaires officiels : official partners/sponsors
premier relai de l'information : first relay of information
coulisses : backstage
avant-premières : the premieres
revendiquées : claimed
presse mondiale : world press
directeur général : general manager

VOCABULARY RECAP

l'informatique : computer science/ information technology (IT)
réseaux : networks
boîtes métalliques : metal boxes
ordinateurs : computers
touches des claviers : keyboards keys
virgules : commas
points : full stops
parenthèses : brackets
guillemets : quotes
fautes de frappe : mistakes
employé : employee
société de communication : communication society
compétence informatique : computer literacy or skills
médias sociaux : social media
aubaine : boon
programmation : programming
connecté : connected
langage machine : machine code
coder : code
barrettes de mémoire : computer memory, memory modules
station de travail : work-station
convoitées : coveted/desired
moniteur couleur : colour monitor
c'est démodé : it's outdated
écran plat haute définition : high definition flat screen
imprimante : printer
imprimante laser : laser printer

système d'exploitation : operating system

logiciels : softwares

ordinateur portable : laptop

internet : internet

un compte : an account

relation amicale : friendship

amis en commun : mutual friends

fiable : reliable

un inconnu : astranger

pirater : hack

paramètres de confidentialité : privacy settings

vie privée : private life

contenu : content

des groupes : groups

petits plaisirs : small pleasures

achat en ligne : online shopping

mention j'aime : like on Facebook

préférés : favorite

amateur de bonne cuisine : foodie

hash-tag : mot dièse

quotidiennement : daily

fil de discussion : a discussion thread

un forum : a forum

chargé de projet : project manager

diffuser : broadcast

l'actualité : news

responsable technique : technical manager

chargé de communication : communication manager

évènement : event

réseaux sociaux : social networks

conditions de travail : working conditions/work environment

louer : to rent

festivités : festivities

connexion internet : internet connection

tomber en panne : to crash/to go down

disque dur externe : external hard disk

stocker les données : store the data

disque flash : flashdisk

CD-ROM : CD-ROM

souris sans fil : wireless mouse

écran : screen

configurer : configure/set up

serveur internet : internet server

base de données : database

accord avec les fournisseurs d'accès : agreement with the service provider

mot de passe : password

journaliste : journalist

déconnexions intempestives : unwanted disconnections

actualiser le statut : update the status

abonnées : subscribers

souscrire : subscribe

abonnement : subscription

contributeur : contributor

stratégie de communication : communication strategy

inscription : registration

devenu viral : went viral

demande d'ajout à la liste d'amis : friend request

diffusait : broadcasted

discussion/ clavardage : chatting

internaute : web user

commentaire instantané : instant comment

modérateur : moderator

le chat : chat

contrôler : to control

vulgaire : vulgar

bloquer : block

application mobile : mobile app

développer : develop

copier/coller : copy/paste

se mettre à jour : to update

message privé : private message

les suiveurs : followers

répertoire : directory

le flux d'activités : feed (facebook feed)

égo-portraits : selfies

sujet tendance : a trending topic

communauté de fans : fandom, fans community

une foire aux questions : FAQs, frequently asked questions

nominés : nominees

couverture médiatique : media coverage

moteur de recherche : search engine

site d'actualités : news site

vecteur d'information : carrier of informations

mur d'informations : wall of informations

publications : publications/posts

partager : to share

nom d'utilisateur : username

photo de profil : profile picture

poster : to post

identifié : logged in

ragot, potin : gossip

supprimer : remove/delete

tweeté : tweeted

réseautage social : social networking

la toile : the Web

simplifier la vie : to make life easier

l'essor : growth

l'ère informatique : computer age

stagiaire : trainee

rédiger un post : write a post

le titre : the title

caractères majuscules gras : capital letters in bold

sous-titres : subtitles(subheadings (in this case))

caractères minuscules, italiques : lower-case letter, italics

lisible pour chaque ordinateur : readable for each computer

fenêtre : window

liens permanents : permanents link (permalinks)

visibilité : visibility

historique personnel : personal history

redondants : redundant

alimentation en nouvelles : adding news

membres : members

JRI, journalistes reporteurs d'images : video/image journalist

panaché : mixed

bondée : crowded

plateaux télévisés : television studios

Histoire 4 : Teo, Le Génie de l'Internet // Teo, the Internet Wizard

les chaînes françaises : french channels

ligne éditoriale : editorial line

réunion de crise : crisis meeting

monopole de l'information : monopoly of information

audimat : high tv ratings

24h/24 : all the 24 hours, all the time

les pôles de l'information : the poles of information

correcteurs : reviewers

diffuseurs : broadcasters

à la pointe de l'information : at the cutting edge of news/information

alimenter le fil d'actualité : add posts to the news feed

surcharge d'évènements : overload of events

grignoter : nibble

picorer : pecking

aimer le post : like the post

inondez les messageries : (flood) post lots of messages

arrière-plan : background

surfer : to browse

le web : the Web

recherches d'amis : friends' research

demandes de contact : contact requests

aimer la page : like the page

recherchez la gloire : to seek fame

retirez-le des abonnés : remove him from the subscribers, unfriend him

méls : emails

meneur : leader

troupes : troops

directeur de rédaction : managing editor

soirée de clôture : closing ceremony

lambiner : dawdle

récompense : award

la presse : press

faire la une : be on the first page

les journaux : newspapers

les fils d'alimentation en nouvelles RSS : an RSS feed

caméras : cameras

retranscrire : transcribe

en direct : live

en streaming : in streaming/live

mettre en ligne : upload

rediffusion : replay

rétrospective : retrospective

aguicheurs : enticing

crouler : to collapse, to be overloaded

revues de presse : press reviews

journaux télévisés : tv news

relayer : relay

fourmiller : swarm, teem

courriels : email

données : data

statistiques : statistics

optimiser : optimize

calendrier : schedule, calendar

téléphones portables : mobile phones

cocher les tâches : check the tasks

effervescence : effervescence

égayer : cheer, joy

records de vues : records of view

subvention phénoménale : phenomenal grant

partenaires officiels : official partners/sponsors

premier relai de l'information : first relay of information

coulisses : backstage

avant-premières : the premieres

revendiquées : claimed

presse mondiale : world press

directeur général : general manager

PRACTICE YOUR WRITING

Write a short summary of this story. Do not paraphrase please.

Sample:

S'il y en a bien un qui connaît tout de l'informatique et des réseaux, c'est bien Teo. En effet, déjà tout petit, Teo fouiner dans les ordinateurs et faisait des blagues à ses parents en changeant les touches du clavier. Et avec le temps, rien n'a changé. Teo s'est fait embaucher dans une boîte de communication et ses supérieurs voient en lui la graine d'un véritable génie. Ainsi, cette année, Teo se voit confier une mission à haute responsabilité. Il doit encadrer une équipe entière pour la couverture médiatique du fameux festival international du film, le Festival de Cannes. Ses compétences techniques en informatique, tant ses compétences en communication, lui seront nécessaires en tout point. C'est lui qui installera toute la partie technique et qui encadrera l'équipe de rédaction. Des techniciens, des journalistes, mais aussi des stagiaires et des apprentis seront sous sa direction, alors que Teo a à peine 25 ans. Mais Teo semble se débrouiller comme un chef. Dès le début, il résout le peu de problématique qui s'impose à lui, et mène une ligne éditoriale plus que parfaite. Encore une fois pour lui, le résultat est sans appel, les statistiques montrent que lui et son équipe détiennent le record de suiveurs sur internet. C'est sans surprise que Teo remportera pour l'énième fois son pari.

HISTOIRE 5 : MME VERNET, LA MAÎTRESSE PRÉFÉRÉE // MS. VERNET, THE FAVORITE TEACHER

Cela fait maintenant **presque** vingt ans que Mme Vernet est **institutrice**. Son métier est une **passion** pour elle, même si bien sûr, ce n'est pas toujours évident et si facile qu'on ne le pense. Elle s'occupe cette année d'une classe de vingt cinq élèves de niveau CM2. Le CM2, **Cours Moyen de deuxième année**, est une classe très importante car par la suite, les élèves sont **amenés** à entrer au collège. Il faut donc leur donner toutes les bases nécessaires pour qu'ils puissent **s'épanouir** dans la suite de leurs études. Peu de gens le savent, mais **l'école primaire**, c'est peut-être le moment de l'apprentissage le plus important.

Ms. Vernet has been a teacher for almost twenty years now. Her job is her passion, even when of course, it's not always obvious and as easy as we think. This year, she is taking care of a class of twenty 5th grade students. The fifth grade is a very important class because afterwards they will be going to high school. Therefore, she needs to give them all the necessary foundations so that they can flourish later on in their studies. Few people know this, but elementary school is perhaps the most important time for learning.

presque : almost
institutrice : teacher
passion : passion
élèves : students
cours moyen de deuxième année : year 6 or 5th Gr
amenés à : led to
s'épanouir : open up/flourish
l'école primaire : primary school

Au primaire, **on apprend à lire, à écrire, à compter** et faire bien d'autres choses très **utiles**. Et si ce travail n'est pas bien effectué, cela peut créer des problèmes sur toute la suite de la **scolarité** de l'enfant. Il faut donc que les **instituteurs** soient fermes et qu'ils imposent une **discipline rigoureuse**.

In elementary school, we learn to read, ride, count and to do plenty of other useful things. And if the work isn't done well, this might create problems throughout a child's education. So, teachers need to be firm and impose rigorous discipline.

on apprend à lire, à écrire, à compter : we learn to read, write, count
utiles : helpful
scolarité : tuition, schooling
instituteurs : teachers
discipline rigoureuse : rigorous discipline

Aujourd'hui c'est la rentrée des classes. Au retour des **grandes vacances**, les élèves sont généralement très **excités** et il faut les tenir en place.

— Allez, **dépêchez-vous** ! criait Mme Vernet dans le **couloir. En rang et en silence** s'il vous plaît !

Les enfants étaient tous très **agités**.

— **Entrez, et taisez-vous !**

Histoire 5 : Mme Vernet, La Maîtresse Préférée // Ms. Vernet, the Favorite Teacher

Deux par deux, les élèves sont entrés en silence même si certains ne pouvaient **s'empêcher de pouffer de rire**.

— Bien, maintenant **je vais faire l'appel**, je ne veux entendre **aucun bruit, c'est bien clair** ?

Today, class resumes again. Coming back from summer vacation, students are usually very excited and you have to keep them in line.

"Come on, hurry up!" Ms. Vernet cried out in the hallway. "Line up in silence, please!"

The children are all very restless.

"Come in and be quiet!"

Two by two, the students entered in silence even though some couldn't stop giggling.

"Okay, now I'm going to call your names, I don't want to hear a sound, is that clear?"

> **grandes vacances** : summer holidays
> **dépêchez-vous** : hurry up
> **couloir** : hallway, corridor
> **en rang et en silence** : line up and quietly
> **agités** : agitated
> **entrez et taisez-vous** : come in and be quiet
> **deux par deux** : two by two
> **s'empêcher de pouffer de rire** : keep from giggle
> **je vais faire l'appel** : I'm going to call your names
> **aucun bruit, c'est bien clair** : no noise, it is clear

Mme Vernet était entrée **la dernière**. Les élèves avaient retenu **la leçon** des années précédentes, car tout le monde restait debout tant que la maîtresse n'avait pas précisé de **s'asseoir**.

— Lucas Molera ?

— **Je suis présent** !

— Miriam Bensoussa ?

— Présente !

Les dix premières minutes étaient, comme tous les matins, **consacrées** à faire l'appel. Mme Vernet avait la **responsabilité** de bien faire attention à ce qu'il ne **manque** personne, **auquel** cas elle devait le signaler. Mais pour aujourd'hui, **il n'y avait aucun absent.**

Ms. Vernet was the last to enter. The students had learnt their lesson from previous years, because everyone remained standing until the teacher told them to sit down.

"Lucas Molera?"

"I'm present!"

"Miriam Bensoussa?"

"Present!"

Like every morning, the first ten minutes were allocated to taking the register. It was Ms. Vernet's responsibility to make sure no one was missing, in which case she would have to report it. But today, no one was absent.

> **la dernière** : the last
> **la leçon** : lesson
> **s'asseoir** : sit
> **je suis présent** : I am present
> **les dix dernières minutes** : the last ten minutes
> **consacrées** : devoted, allocated
> **responsabilité** : responsibility
> **manque** : missing
> **auquel cas** : in which case
> **il n'y avait aucun absent** : there was no absent

— Merci à tous, vous pouvez vous asseoir. A-t-elle fini par dire.

Histoire 5 : Mme Vernet, La Maîtresse Préférée // Ms. Vernet, the Favorite Teacher

La classe entière s'est assise d'un coup. Mme Vernet **paraissait sévère** et pouvait faire peur à ceux qui ne la connaissaient pas. Mais en vrai, c'était la maîtresse **préférée** de l'école. Simplement, il fallait **obéir et filez droit** !

— Bon, j'espère que vous avez tous **passés de bonnes vacances**. Et que vous avez **révisé** un peu, parce que cette année sera très importante pour **chacun d'entre vous**. Pour commencer, aujourd'hui **on va apprendre quelques notions de grammaire**.

Mme Vernet s'est alors retournée pour prendre **une craie et écrire le titre de la leçon au tableau**. Mais elle fut obligé de s'arrêter.

"Thank you everyone, you can sit down now," she finished by saying.

The entire class sat down as one. Ms. Vernet seemed strict and could scare those who didn't know her. But in reality, she was the favorite teacher at the school. To put it simply, you had to do as your told and behave.

"Good, I hope that you had a good summer. And that you revised a little bit, because this year will be very important for each of you. To begin today, we are going to learn some basic grammar rules. "

Ms. Vernet turned around to grab some chalk to write the title of the lesson on the board. But she was forced to stop.

paraissait sévère : seemed severe
préférée : favorite
obéir et filez droit : obey and scoot right (= obey and listen)
passés de bonnes vacances : have good holidays
réviser : revise, learn
chacun d'entre vous : each of you
on va apprendre quelques notions de grammaire : we are going to learn some grammar concepts
une craie : a chalk
écrire le titre de la leçon au tableau : write the title of the lesson on the blackboard

— Lucas, Rémi ! **Calmez-vous**, les vacances sont terminées, **concentrez-vous** ! Venez à mon bureau, **vous allez distribuer les livres** pour la peine.

Lucas et Rémi étaient des **amis d'enfance**. Ils **se marraient** tout le temps, même si ce n'étaient pas de **mauvais élèves**. Sauf que cette année, Mme Vernet ne pouvait laisser passer aucune bêtise.

— Écoutez-moi les enfants. L'année prochaine, **vous quitterez l'école primaire** pour aller au **collège**. Ça ne sera plus la même chose et ce sera plus difficile. **Vous comprenez** ?

Ceci étant dit, elle s'est remit à écrire au tableau.

— Maintenant, **ouvrez vos cahiers et prenez vos stylos. Comme d'habitude, copiez la date puis le titre de la leçon d'aujourd'hui.**

"Lucas, Rémi! Calm down, the vacation is over, concentrate! Come to my desk, you are going to hand out the books for your trouble."

Lucas and Rémi were childhood friends. They had a laugh together all the time, but they weren't bad students. Except that this year Ms. Vernet could not tolerate any stupidity.

"Listen to me, children. Next year, you will leave elementary school to go to high school. It will not be the same and it will be more difficult. Do you understand?"

Having said all that, she started to write on the whiteboard again.

"Now, open your exercise books and grab your pens. As usual, copy the date then the title of today's lesson."

calmez-vous : calm down
concentrez-vous : concentrate
vous allez distribuer les livres : you're going to give out the books
amis d'enfance : childhood friends
se marrer : to laugh
mauvais élèves : bad students
écoutez-moi : listen to me
vous quitterez l'école primaire : you will leave the primary school
collège : middle school
vous comprenez : do you understand
ouvrez vos cahiers et prenez vos stylos : open you exercise books and take your pens

Histoire 5 : Mme Vernet, La Maîtresse Préférée // Ms. Vernet, the Favorite Teacher

comme d'habitude : as usual
copiez la date : copy the date
puis : then
le titre de la leçon d'aujourd'hui : the title of today's lesson

Les élèves **se sont très vite appliqués** à faire ce que leur maîtresse leur disait de faire. Habituellement, le matin, elle leur faisait faire du français. **Ils étudiaient la grammaire, la conjugaison, l'orthographe, la syntaxe** et tout ce qui pouvait servir à connaître sa **langue maternelle** parfaitement.

The students applied themselves very quickly to what their teacher told them to do. Usually, she made them do French in the morning. They were studying grammar, conjugations, spelling, syntax and everything which could help them know their native language inside and out.

se sont très vite appliqués : have quickly commited / quickly try their hardest
ils étudiaient la grammaire, la conjugaison, l'orthographe, la syntaxe : they studied grammar, conjugation, orthography, syntax
langue maternelle : mother tongue/native language

— Si vous avez un doute, **regardez le tableau, j'ai tout noté**. Mais essayez de vous habituer à écrire ce que je dis. Au collège, les professeurs n'écrivent pas toujours tout au tableau.

Malgré tout, cette année, la classe avait plutôt un bon niveau et était **constituée** de bons éléments. Cela faisait maintenant deux ans qu'ils étaient avec Mme Vernet, elle commençait à bien les connaître. Comme c'était le début de l'année, la **première journée** a été plutôt **tranquille**. On ne pouvait tout de même pas **en demander trop** aux élèves dès le début.

— Bien, comme c'est le début de l'année, je ne vous donnerai pas de **devoir à faire ce soir**. Mais dès demain, nous reprendrons nos vieilles habitudes. **Fermez vos cahiers, vous pouvez ranger vos affaires** !

Pour une première journée, tout c'était plutôt bien passé. Le lendemain allait être plus **corsé** car Mme Vernet **avait prévu** pleins de chose.

"If you are unsure, look at the board, I have written it all down. But try to get used to writing what I say. At high school, the teachers don't always write on the board.

Despite everything, this year, the class was at a reasonable level and had some good elements. They had been with Ms. Vernet for two years now and she was starting to get to know them well. As it was the start of the year, the first day had been rather quiet. You couldn't ask too much of the students right from the start.

"Well, since it's the beginning of the year, I won't give you homework to do this evening. But from tomorrow, we carry on our old habits. Close your exercise books, you can pack up your things!"

For a first day, everything had gone quite well. The next day was going to be harder because Ms. Vernet had plenty of things planned.

regardez le tableau : look at the board
j'ai tout noté : I have noted/wrote everything
constituée (+de) : comprised of/composed of
première journée : first day
tranquille : quiet
en demander trop : ask too much
devoir à faire ce soir : homework to do this evening
fermez vos cahiers : close your exercise books
vous pouvez ranger vos affaires : you can tidy you things
corsé : tough
avait prévu : had planned

— Bonjour à tous, **allez-y entrez**.

Comme la veille, les élèves entrèrent et restèrent debout pour l'appel.

— Très bien ! **Asseyez-vous et sortez vos affaires** ainsi qu'une feuille. Pour ce matin, un petit **contrôle surprise** ne vous fera pas de mal ! Il faut s'y remettre !

Oh non ! Hurla toute la classe.

— Ça suffit, il y a trop de bruit, on se calme s'il vous plaît !

— Madame ?

— Oui, qu'est-ce qui ne va pas Jérémy ?

— **J'ai oublié ma trousse.**

— Et bien **tant pis, débrouille toi**. L'année prochaine tu n'auras pas le **droit à l'erreur** donc cette année non plus.

"Hello everyone, come in."

Like the day before, the students came in and stayed standing for roll call.

"Very good! Sit down and get your things out as well as a sheet of paper. This morning, a little pop-quiz won't hurt! You need to get back into it!

"Oh no!" the whole class yelled.

"That's enough, it's too loud, calm down please!"

"Miss?"

"Yes, what's wrong Jérémy?"

"I forgot my pencil case"

"Ah well too bad, work it out for yourself. Next year you won't be able to make that mistake, so you won't this year either."

> **allez-y entrez** : come on in
> **asseyez-vous et sortez vos affaires** : sit down and take out your things
> **contrôle surprise** : pop-quiz
> **ça suffit, il y a trop de bruit, on se calme** : that's enough, there is too much noise, be quiet
> **j'ai oublié ma trousse** : I forgot my pencil case
> **tant pis** : too bad
> **débrouille-toi** : figure it out yourself/ work it out for yourself
> **droit à l'erreur** : right to be wrong

Mme Vernet voulait leur donner de **bonnes manières** pour l'année prochaine. C'est vrai que l'entrée au collège est parfois **traumatisante** pour les élèves qui ne se sont pas **bien préparés**. Mme Vernet voulait éviter cela à tout prix.

Ms. Vernet wanted to teach them good manners for next year. It's true that starting high school is sometimes traumatizing for students who aren't well prepared. Ms. Vernet wanted to avoid this at all costs.

bonnes manières : good manners
traumatisante : traumatic
bien préparés : well prepared
éviter : to avoid

— **Parlez moins fort et concentrez-vous. Je vais vous donner l'énoncé.**

Les élèves se sont calmés et Mme Vernet a pu commencer.

— Écrivez environ cent mots sur quelque chose qui vous a plu pendant vos vacances. **Vous avez trente minutes, pas plus !**

Volontairement, Mme Vernet n'avait pas écrit l'énoncé au tableau, et ce qui devait arriver arriva (passé simple).

— Madame, maîtresse ?

— Oui Emeline ?

— **Pouvez-vous répétez l'énoncé** s'il vous plaît.

— Oui, mais c'est **la dernière fois.** Notez, Écrivez environ cent mots sur quelque chose qui vous a plu pendant vos vacances.

"Speak more softly and focus. I am going to give you the task."

The students calmed down and Ms. Vernet was able to begin.

"Write around one hundred words about something that you enjoyed during your vacation. You have thirty minutes, no more!"

Ms. Vernet didn't write the task on the board on purpose and the inevitable happened.

"Miss, miss?"

"Yes, Emeline?"

Histoire 5 : Mme Vernet, La Maîtresse Préférée // Ms. Vernet, the Favorite Teacher

"Can you repeat the task please?"

"Yes, but this is the last time. Make a note of it, write around one hundred words about something that you enjoyed during your vacation."

écrivez environ cent mots : write about 100 words
vous avez trente minutes, pas plus : you have 30 minutes, not more
volontairement : voluntarily/purposely
pouvez-vous répétez l'énoncé : can you repeat the question/wording
la dernière fois : the last time

Les trente minutes qui ont suivi ont été très calmes. On n'entendait plus que le son des stylos qui **grattaient le papier**. Pendant ce temps là, Mme Vernet pouvait **préparer la suite** de la journée au calme. Elle a du quand même **intervenir** une ou deux fois.

The thirty minutes which followed were very quiet. All you could ehar was the sound of pens scratching the paper. Meanwhile, Ms. Vernet was able to prepare the rest of the day in peace. She only had to intervene once or twice.

grattaient le papier : scratching the paper, to write a lot
préparer la suite (+de la journée): prepare the following(rest of the day)
intervenir : intervene, interfere

— Eh ! **Ne regardez pas sur les autres** vous là bas ! Et que je ne vous y reprenne pas !

Il y avait des **tricheurs** dans le fond. Ce qui était complètement stupide puisqu'il fallait **raconter** ses propres vacances et pas celles du voisin.

— Maîtresse ?

— Oui Julien.

— **Je n'ai plus d'idée** et je n'ai écrit que cinquante mots.

— **Essaie encore une fois, tu vas y arriver.**

La demi-heure a fini par passer. Certains avaient déjà terminé depuis dix minutes **tandis que d'autres se pressaient de finir.**

— C'est bon, **vous avez fini** ? Allez, Jordan et Julie, **ramassez les copies.**

Jordan et Julie **s'exécutèrent.** Cinq minutes plus tard, les copies étaient **en possession de** Mme Vernet.

— Bon, **vous avez mérité** une pause. Je vous donne vingt minutes, vous pouvez aller **prendre l'air** dans **la cours de récréation**.

"Hey! You at the back, don't look at other people's! And I don't want to tell you again!"

There were cheaters at the back which was idiotic since they had to talk about their own vacation and not their neighbor's.

"Miss?"

"Yes, Julien."

"I'm out of ideas and I've only written fifty words."

"Try again one more time, you'll get there."

The half hour was up. Some had finished ten minutes ago whilst others hurried to finish.

"Okay good, have you finished? Jordan and Julie, collect the papers."

Jordan and Julie did as they were told. Five minutes later, the copies were in Ms. Vernet's possession.

"Okay, you have earned a break. I'm giving you twenty minutes; you can go get some fresh air in the playground."

ne regardez pas sur les autres : don't look on the others
tricheurs : cheaters
je n'ai plus d'idée : I don't have any more idea
essaie encore une fois, tu vas y arriver : try another time, you will make it
la demi-heure : the half hour

Histoire 5 : Mme Vernet, La Maîtresse Préférée // Ms. Vernet, the Favorite Teacher

tandis que d'autres se pressaient de finir : while others hurried to finish
vous avez fini ? : have you finished ?
ramassez les copies : collect the papers
s'exécuter : to comply
en possession (+de) : in (the) possession (of)
vous avez mérité : you deserved
prendre l'air : to take some fresh air
la cours de récréation : the playground

Ils étaient tous si content que toute la classe s'est très vite retrouvée dehors. **Durant ce temps** là, Mme Vernet a commencé à **corriger** quelques copies. **Le résultat** n'était pas trop mauvais et Mme Vernet était **rassurée**, ils n'avaient pas tout **oublié**. Les vingt minutes passées, Mme Vernet est allée **récupérer** tout le monde.

They were all so happy that the whole class quickly went outside. In the meantime, Ms. Vernet started to correct some of the classwork. The results weren't too bad, and Ms. Vernet was reassured, they hadn't forgotten everything. When the twenty minutes had passed, Ms. Vernet went to get everyone.

durant ce temps : during this time
corriger : to correct
le résultat : the result
rassurée : reassured/relieved
oublié : forgotten
récupérer : recover

— Allez, **tout le monde en rang**, nous allons reprendre.

La classe est entrée et les cours ont pu recommencer.

— Nous allons d'abord **lire le texte suivant**. Ceux qui souhaitent **réciter, levez la main**.

Mme Vernet voulait leur apprendre à **comprendre un texte** puis en **faire une petite explication**.

— **C'est excellent** Cécile, **bravo !** Tu as **amélioré ta lecture, je suis fière de toi. Par contre,** pour la prochaine fois, **parle un peu plus fort** pour que tout le monde puisse **t'entendre.**

Cécile a été **signalé** comme **dyslexique** il y a deux ans et avait beaucoup de mal à lire. Mais cette année, **ça va beaucoup mieux.**

— Donc, **répondez aux questions et remplissez la grille. Et ne criez pas les réponses** comme la dernière fois !

Comprendre un texte est une chose primordiale au CM2.

— Sophie, **ne te balance pas sur ta chaise. Combien de fois faudra-t-il te le répéter** ! Allez **tourne-toi et mets-toi au travail.**

Mme Vernet leur a laissé un peu de temps puis a repris le cours.

— **C'est fini, posez vos stylos**. Alors, faites moi voir tout ça. Écrivez les numéros des réponses auxquelles vous avez répondu sur votre ardoise.

"Come on, everyone line up, we are going to start class again."

The class went in and the lesson could start again.

"First, we are going to read the following text. Whoever wants to read it aloud, raise your hand."

Ms. Vernet wanted to teach them to understand a text and then explain it a little.

"That's excellent, Cécile, well done! Your reading has improved, I'm proud of you. However, next time, speak a bit louder so that everyone can hear you."

Cécile had been diagnosed as dyslexic two years ago and really struggled to read. But this year, she's doing much better.

"So, answer the questions and complete the table. And don't shout out the answers like last time!"

Understanding a text is essential for 5th graders.

"Sophie don't balance on your chair. How many times to I need to tell you that! Come on, turn around and get to work."

Ms. Vernet gave them a bit of time and then resumed the class.

"Time's up, put down your pens. Okay, let me see it all. Write the numbers of the questions that you answered on your piece of paper."

tout le monde en rang : everyone line up
lire le texte suivant : read the following text
réciter : to recite
levez la main : raise your hand
comprendre un texte : understand a text
faire une petite explication : do a little explanation
c'est excellent : it's excellent
bravo : bravo
amélioré ta lecture : improved your reading
je suis fière de toi : I am proud of you
par contre : on the other hand, however
parle un peu plus fort : speak a bit louder
t'entendre : hear you
signalé : reported
dyslexique : dyslexic
ça va beaucoup mieux : it's going much better
répondez aux questions et remplissez la grille : answer the questions and complete the table
ne criez pas les réponses : don't shout out the answers
ne te balances pas sur ta chaise : don't swing on your chair
combien de fois faudra-t-il te le répéter : how many times it will be necessary to repeat it to you
tourne toi et met toi au travail : turn around and get to work
c'est fini, posez vos stylos : it's over, put down your pens
ecrivez les numéros des réponses auxquelles vous avez répondu sur votre ardoise : write the number of the responses you answered on your slate

Mme Vernet est descendu de **l'estrade** qui était sous le tableau puis a commencé à faire le tour de la classe.

— Antoine, **assez bien**, quelques erreurs. Marie, **toutes mes félicitations** !

Après avoir regardé tout le monde Mme Vernet est retournée au tableau.

— **D'après le texte que** nous venons d'étudier, qui peut me dire comment s'appelle la montagne qui a le plus haut sommet en France ?

— Les Pyrénées !

— Non

— Le Puy de Dôme !

— Non plus, ce n'est pas une **montagne**, c'est un **volcan**.

— La montagne blanche !

— **Pas exactement, mais c'est presque cela.**

— C'est le Mont Blanc !

— **Oui, c'est ça** ! Tu auras le droit à une image.

— « Et moi aussi j'en veux une, **j'avais presque trouvé** »s'est plaint Angélique.

— Oh là là, ma pauvre petite fille ! dit Mme Vernet de manière **ironique**. Tu auras **seulement** droit à une image.

Ms. Vernet stepped down from the platform, which was under the whiteboard, then began to walk around the class.

"Antoine, quite good, a few mistakes. Marie, congratulations!"

After having seen everyone, Ms. Vernet returned to the board.

"According to the text you have just studied, who can tell me the name of the mountain with the highest peak in France.

"The Pyrenees!"

"No."

"The Puy de Dôme!"

"Not that either, that's not a mountain, it's a volcano."

"The white mountain!"

"Not exactly, but it's similar to that."

"It's Mont Blanc!"

"Yes, that's it! You can have a gold star."

"I want one too, I almost got it," Angélique complained.

"Oh, there, there, my poor little girl!" Ms. Vernet said in an ironic tone. "You're only allowed the one!"

l'estrade : the platform
assez bien : quite good
toutes mes félicitations : all my congratulations
d'après le texte : according to the text
montagne : mountain
volcan : volcano
pas exactement : not exactly
c'est presque cela : it's almost it
oui, c'est ça : yes, that's it
j'avais presque trouvé : I almost found
ironique : ironic
seulement : only

Le reste de la journée s'est ensuite très bien déroulé. Il y a eut des exercices de **mathématiques** avec de la **géométrie**, de **l'algèbre** et un peu de calcul **mental**. M. Robin, le directeur, donnait des cours d'histoire de temps en temps et cette fois il leur raconta **la Révolution Française**. Puis à 16h30, **la cloche a sonné** et chacun a pu rentrer chez soi.

Mais pour Mme Vernet, le travail n'était pas encore terminé. Il lui fallait encore corriger les copies de ce matin et **créer un exercice** d'Anglais pour le lendemain. Après avoir **agrémenté** plusieurs illustrations et quelques textes, elle devait **rédiger les instructions**.

Remplissez la grille et **mettez les illustrations dans le bon ordre. Cochez les bonnes réponses. Utilisez les mots dans la liste ci-dessous**...etc.

The rest of the day went very well. There were math exercises with geometry, algebra and a little mental arithmetic. Mr. Robin, the principal, gave history lessons from time to time and this time he told them about the French Revolution. Then at 4.30pm, the bell rang, and everyone went home.

But for Ms. Vernet, work wasn't over yet. She still had to correct this morning's classwork and create an English exercise for the next day. After having added several drawings and a few bits of text, she had to write the instructions.

Complete the table and put the drawings in the right order. Tick the correct answers. Use the words in the list below...etc.

mathématiques : mathematics
géométrie, algèbre, calcul mental : geometry, algebra, mental arithmetic
cours d'histoire : history class
la révolution française : the french revolution
la cloche a sonné : the bell rang
créer un exercice : create an exercise
agrémenter : to add
rédiger les instructions : write instructions
mettez les illustrations dans le bon ordre : put the illustrations(or images) in the right order
cochez les bonnes réponses : tick the correct answers
utilisez les mots dans la liste ci-dessous : use the words in the list below

Le lendemain, dès le début, Mme Vernet leur a distribué les exercices qu'elle avait constitués la veille.

— Madame, **je ne comprends pas** ce que je dois faire dans l'exercice 2 ?

— C'est très simple. **Vous devez compléter avec la signification française, puis faire une liste des mots de vocabulaire** en français toujours.

— Et dans l'exercice 5 ?

Histoire 5 : Mme Vernet, La Maîtresse Préférée // Ms. Vernet, the Favorite Teacher

— **Indiquez si les phrases sont vraies ou fausses ou si on ne sait pas. Puis remplissez les blancs. N'oubliez pas, dans le dernier exercice, faites correspondre les images et les phrases.**

— Madame, excusez-moi, **j'ai une envie pressante, est-ce que je peux aller aux toilettes.**

— Je veux bien Clément, mais après, **tu vas être en retard** par rapport aux autres, **fais vite**.

The next day, from the outset, Ms. Vernet handed out the exercises that she had drawn up the evening before.

"Miss, I don't understand what to do for the second exercise."

"It's very simple. You must fill in the French meaning, then make a list of the vocabulary, still in French."

"And for exercise 5?"

"Indicate whether the phrases are true or false or whether we don't know. Then fill in the blanks. Don't forget, in the final exercise, match the pictures with the phrases."

"Excuse me, Miss, can I go to the toilet?"

"Yes, go on, Clément, but you're going to be behind the others afterwards, go quickly."

je ne comprends pas : I don't understand

vous devez compléter avec la signification française : you have to complete with the french signification

faire une liste des mots de vocabulaire : make a list of vocabulary words

indiquez si les phrases sont vraies ou fausses ou si on ne sait pas : indicate if the sentences are true or false or if you are not told

puis remplissez les blancs : fill in the blanks

n'oubliez pas, dans le dernier exercice, faites correspondre les images et les phrases : don't forget, in the last exercise, match up the pictures and sentences

j'ai une envie pressante : I need to go to the toilet/to use the bathroom

est-ce que je peux aller aux toilettes : can I go to the toilet
tu vas être en retard : you are going to be late
fais vite : quickly

Clément voulait toujours aller aux toilettes avant les contrôles d'Anglais. Mais c'est parce que Clément est un jeune **garçon plutôt malin, il cachait** ses cours d'Anglais dans les toilettes. Mme Vernet ne s'en était jamais **rendu compte** !

— **C'est quoi en Anglais** to be quiet ? a demandé l'un des élèves.

— Ça veut dire être calme. Mais ça tu devrais le savoir Mathilde.

— Oui c'est vrai, **pardon**.

— Et s'il vous plaît. **N'écrivez pas** trop petit sur vos copies car j'ai les yeux qui fatiguent !

Clément est revenu à sa place quelques minutes plus tard et le contrôle a duré toute la matinée.

— Bien, **c'est terminé.** Il reste maintenant deux choses. Premièrement, **lisez l'exemple donné précédemment.** Et deuxièmement, **décrivez**, en Anglais, un objet de votre choix. Pendant ce temps, je vais vous rendre les copies que vous m'avez donné hier matin.

Alors que Mme Vernet allait rendre **les rédactions**, quelqu'un a **toqué** à la porte de la classe.

Clément always wanted to go to the toilet before English tests. But it's because Clément is a rather clever, young boy, he hid in the toilets for his English lessons.

"What is 'être calme' in English?" one of the students asked.

"That means to be quiet. But you should know that Mathilde."

"Yes, that's true, sorry."

"And please, don't write too small on your sheets because I have tired eyes!"

Clément returned to his seat a few minutes later and the test lasted all morning.

Histoire 5 : Mme Vernet, La Maîtresse Préférée // Ms. Vernet, the Favorite Teacher

"Okay, it's over. There are only two things left to do. Firstly, read the example given previously. And secondly, describe an object of your choice in English. In the meantime, I'm going to return the classwork you gave me yesterday."

While Ms. Vernet was handing out the marked copies, someone knocked on the classroom door.

garçon plutôt malin : rather clever boy
il cachait : he hid
rendu compte : realized
c'est quoi en anglais : what is it in english
ça veut dire : it means
pardon : excuse me
n'écrivez pas : don't write
c'est terminé : it's over
lisez l'exemple donné : read the given example
précédemment : previously
décrivez : describe
les rédactions : essays
toqué : knocked

— Oui entrez. S'est écrié Mme Vernet.

C'était monsieur le Directeur.

— **Levez-vous s'il vous plaît**.

Il venait **informer** que la sortie au parc national des volcans de la Région d'Auvergne **sera fixée** pour le treize Octobre, puis il est reparti **aussitôt**.

"Yes, come in," Ms. Vernet shouted out.

It was the principal.

"Stand up please."

He came to inform them that the school trip to the Auvergne National Volcano Park was booked for the thirteenth of October, then he immediately left the classroom.

levez-vous s'il vous plaît : stand up please
informer : inform
sera fixée : will be fixed
aussitôt : immediately

— **Soulignez la date** dans votre **calendrier** pour ne pas oublier.

— Madame, **est-ce que je peux emprunter une règle** s'il vous plaît, j'ai oublié la mienne a demandé Guillaume qui **de toute manière** n'avait jamais eu de règle.

— Oui bien sûr. Et faites les **exercices additionnels**.

Il ne restait plus beaucoup de temps avant la **pause de midi** et Mme Vernet souhaitait finir avant le repas. Malheureusement, ça n'avançait pas très vite et tout le monde **posait des questions** sans arrêt.

— « Qu'est-ce que ça veut dire "**Mentionnez**" en français ?! » s'est exclamé Gabriel, qui semblait ne rien comprendre à l'exercice !

— Tu iras chercher dans le **dictionnaire**. Il est **inadmissible** que tu ne saches pas cela à ton âge. Je vous rappelle, que l'année prochaine, je ne serai plus là pour vous **prêter main forte** toutes les cinq minutes. Soyez **autonomes** un petit peu.

— Madame, quand là il y a écrit, **notez les mots qui sont en rapport avec**... etc, il faut les écrire en français ou en anglais.

— Écrivez les en Anglais.

— Oui, mais **comment dit-on les dents en anglais** ?

— Ça se dit the teeth. Et **prononcez** bien le "th" à la fin, comme si c'était **un cheveu sur la langue**.

"Underline the date in your calendar so you don't forget it."

"Miss, may I borrow a ruler please? I have forgotten mine," asked Guillaume who never had a ruler anyway.

"Yes, of course. And do the extra exercises."

Histoire 5 : Mme Vernet, La Maîtresse Préférée // Ms. Vernet, the Favorite Teacher

There was very little time left before the lunch break and Ms. Vernet wanted to finish before lunch. Unfortunately, it wasn't progressing very quickly, and everyone was asking questions incessantly.

"What does "Mention" mean in French?!" exclaimed Gabriel, who didn't seem to understand the exercise at all!

"You will find it in a dictionary. It's unacceptable that you don't know that at your age. I will remind you that next year I will no longer be there to hold your hand every five minutes. Be a little independent."

"Miss, when it says: write down the words that are related to... etc., do I need to write them in French or English?"

"Write them in English."

"Okay, but what are 'les dents' in English?"

"That means 'the teeth'. And pronounce the 'th' at the end, as if you have a lisp."

soulignez la date : underline the date
calendrier : schedule
est-ce que je peux emprunter une règle : can I borrow a ruler
exercices additionnels : additional exercises
pause de midi : lunch break
posait des questions : asked questions
mentionnez : mention
dictionnaire : dictionary
inadmissible : unacceptable
prêter main forte : lend a hand/to help
autonomes : autonomous
notez les mots qui sont en rapport avec : make a note of the words (+that) are related to comment
dit-on les dents en anglais : how do we say teeth in English
prononcez : pronounce
un cheveu sur la langue : a lisp

C'est ainsi que Mme Vernet éduquait ses élèves. De manière **rigoureuse** mais en étant toujours à leurs côtés pour tout leur **expliquer** correctement. Son but, c'était de faire de ces enfants de vrais petits **génies**. Tous les quinze jours, elle faisait une évaluation de compétence pour les habituer aux contrôles sur table. Tout cela lui demandait beaucoup de travail mais Mme Vernet était quelqu'un de très **dévoué**.

— **Plus vous réussirez vos examens**, plus on vous laissera tranquille ! disait-elle. Et vous pourrez vraiment choisir votre **cursus scolaire et le métier** de vos rêves.

This is how Ms. Vernet educated her students. In a rigorous way but by always being by their sides to explain everything to them properly. Her goal was to make these children into little geniuses. Every fifteen days, she gave them a skills evaluation to get them used to written tests. All this required lots of work but Ms. Vernet was very dedicated.

"The more you do well in your exams, the more I leave you alone!" she said. "And you will even be able to choose your lessons and the job of your dreams!"

éduquer : educate
rigoureuse : rigorous
expliquer : explain
génies : geniuses
évaluation de compétence : skills evaluation
dévoué : devoted
plus vous réussirez vos examens : more you will succeed exams
cursus scolaire : curriculum
le métier : the job

Elle leur **prescrivait** régulièrement de regarder certains films intéressants, plusieurs **livres à lire** et pleins de choses liées à la **culture générale** pour leur fournir un **apprentissage** complet. Ainsi, les élèves devenaient naturellement curieux et faisaient eux-mêmes des recherches. À force de lire, ils étaient devenus très forts en **dictée et en récitation**. À la fin de l'année, Mme Vernet les a tous grandement **félicités** et leur a souhaité bonne chance. Tous allaient pouvoir **réaliser leurs ambitions sans exception**, elle était plus que certaine. Son **intuition** ne l'avait pas **trompée, le** résultat avait été sans appel. Toute la classe était passée au niveau supérieur sans aucun problème et ils étaient devenus **les meilleurs** de tout le collège !

Encore aujourd'hui, Mme Vernet reçoit **des lettres** de ses anciens élèves qui lui demandent des nouvelles. Même si elle avait été souvent très **autoritaire**, sa **bonne volonté** avait finit par payer.

She regularly prescribed them interesting films to watch, several books to read and plenty of things linked to general knowledge to give them a rounded education. And so, the students naturally became curious and did their own research. By reading, they became very good at dictating and reciting. At the end of the year, Ms. Vernet congratulated them all and wished them good luck. She was more than certain that, without exception, they were all going to achieve their ambitions. Her intuition had never failed her, the results were incontrovertible. The whole class had achieved with the highest grade without any difficulty and they had become the best in the whole school!

Even to this day, Ms. Vernet receives letters from old students asking about her. Even if she had often been very authoritative, her good will shone through.

prescrivait : prescribed
livres à lire : books to read
culture générale : general culture(or knowledge)
apprentissage : learning
en dictée et en récitation : (in) dictation and reciting
féliciter : to congratulate
réaliser leurs ambitions sans exception : achieve their ambitions without exception
intuition : intuition
trompé : was wrong
des lettres : letters
autoritaire : authoritarian
bonne volonté : good will

VOCABULARY RECAP

presque : almost
institutrice : teacher
passion : passion
élèves : students
cours moyen de deuxième année : year 6 or 5th Gr
amenés à : led to
s'épanouir : open up/flourish
l'école primaire : primary school
on apprend à lire, à écrire, à compter : we learn to read, write, count
utiles : helpful
scolarité : tuition, schooling
instituteurs : teachers
discipline rigoureuse : rigorous discipline
grandes vacances : summer holidays
dépêchez-vous : hurry up
couloir : hallway, corridor
en rang et en silence : line up and quietly
agités : agitated
entrez et taisez-vous : come in and be quiet
deux par deux : two by two
s'empêcher de pouffer de rire : keep from giggle
je vais faire l'appel : I'm going to call your names
aucun bruit, c'est bien clair : no noise, it is clear
la dernière : the last
la leçon : lesson
s'asseoir : sit
je suis présent : I am present

les dix dernières minutes : the last ten minutes

consacrées : devoted, allocated

responsabilité : responsibility

manque : missing

auquel cas : in which case

il n'y avait aucun absent : there was no absent

paraissait sévère : seemed severe

préférée : favorite

obéir et filez droit : obey and scoot right (= obey and listen)

passés de bonnes vacances : have good holidays

réviser : revise, learn

chacun d'entre vous : each of you

on va apprendre quelques notions de grammaire : we are going to learn some grammar concepts

une craie : a chalk

écrire le titre de la leçon au tableau : write the title of the lesson on the blackboard

calmez-vous : calm down

concentrez-vous : concentrate

vous allez distribuer les livres : you're going to give out the books

amis d'enfance : childhood friends

se marrer : to laugh

mauvais élèves : bad students

écoutez-moi : listen to me

vous quitterez l'école primaire : you will leave the primary school

collège : middle school

vous comprenez : do you understand

ouvrez vos cahiers et prenez vos stylos : open you exercise books and take your pens

comme d'habitude : as usual

copiez la date : copy the date

puis : then

le titre de la leçon d'aujourd'hui : the title of today's lesson

se sont très vite appliqués : have quickly commited / quickly try their hardestils étudiaient la grammaire, la conjugaison, l'orthographe, la syntaxe : they studied grammar, conjugation, orthography, syntax

langue maternelle : mother tongue/native language

regardez le tableau : look at the board

j'ai tout noté : I have noted/wrote everything

constituée (+de) : comprised of/composed of

première journée : first day

tranquille : quiet

en demander trop : ask too much

devoir à faire ce soir : homework to do this evening

fermez vos cahiers : close your exercise books

vous pouvez ranger vos affaires : you can tidy you things

corsé : tough

avait prévu : had planned

allez-y entrez : come on in

asseyez-vous et sortez vos affaires : sit down and take out your things

contrôle surprise : pop-quiz

ça suffit, il y a trop de bruit, on se calme : that's enough, there is too much noise, be quiet

j'ai oublié ma trousse : I forgot my pencil case

tant pis : too bad

débrouille-toi : figure it out yourself/ work it out for yourself

droit à l'erreur : right to be wrong

bonnes manières : good manners

traumatisante : traumatic

bien préparés : well prepared

éviter : to avoid

écrivez environ cent mots : write about 100 words

vous avez trente minutes, pas plus : you have 30 minutes, not more

volontairement : voluntarily/purposely

pouvez-vous répétez l'énoncé : can you repeat the question/wording

la dernière fois : the last time

grattaient le papier : scratching the paper, to write a lot

préparer la suite (+de la journée): prepare the following(rest of the day)

intervenir : intervene, interfere

ne regardez pas sur les autres : don't look on the others

tricheurs : cheaters

je n'ai plus d'idée : I don't have any more idea

essaie encore une fois, tu vas y arriver : try another time, you will make it

la demi-heure : the half hour

tandis que d'autres se pressaient de finir : while others hurried to finish

vous avez fini ? : have you finished ?

ramassez les copies : collect the papers

s'exécuter : to comply

en possession (+de) : in (the) possession (of)

vous avez mérité : you deserved

prendre l'air : to take some fresh air

la cours de récréation : the playground

durant ce temps : during this time

corriger : to correct

le résultat : the result

rassurée : reassured/relieved

oublié : forgotten

récupérer : recover

tout le monde en rang : everyone line up

lire le texte suivant : read the following text

réciter : to recite

levez la main : raise your hand

comprendre un texte : understand a text

faire une petite explication : do a little explanation

c'est excellent : it's excellent

bravo : bravo

amélioré ta lecture : improved your reading

je suis fière de toi : I am proud of you

par contre : on the other hand, however

parle un peu plus fort : speak a bit louder

t'entendre : hear you

signalé : reported

dyslexique : dyslexic

ça va beaucoup mieux : it's going much better

répondez aux questions et remplissez la grille : answer the questions and complete the table

ne criez pas les réponses : don't shout out the answers

ne te balances pas sur ta chaise : don't swing on your chair

combien de fois faudra-t-il te le répéter : how many times it will be necessary to repeat it to you

tourne toi et met toi au travail : turn around and get to work

c'est fini, posez vos stylos : it's over, put down your pens

ecrivez les numéros des réponses auxquelles vous avez répondu sur votre ardoise : write the number of the responses you answered on your slate

l'estrade : the platform

assez bien : quite good

toutes mes félicitations : all my congratulations

d'après le texte : according to the text

Histoire 5 : Mme Vernet, La Maîtresse Préférée // Ms. Vernet, the Favorite Teacher

montagne : mountain

volcan : volcano

pas exactement : not exactly

c'est presque cela : it's almost it

oui, c'est ça : yes, that's it

j'avais presque trouvé : I almost found

ironique : ironic

seulement : only

mathématiques : mathematics

géométrie, algèbre, calcul mental : geometry, algebra, mental arithmetic

cours d'histoire : history class

la révolution française : the french revolution

la cloche a sonné : the bell rang

créer un exercice : create an exercise

agrémenter : to add

rédiger les instructions : write instructions

mettez les illustrations dans le bon ordre : put the illustrations(or images) in the right order

cochez les bonnes réponses : tick the correct answers

utilisez les mots dans la liste ci-dessous : use the words in the list below

je ne comprends pas : I don't understand

vous devez compléter avec la signification française : you have to complete with the french signification

faire une liste des mots de vocabulaire : make a list of vocabulary words

indiquez si les phrases sont vraies ou fausses ou si on ne sait pas : indicate if the sentences are true or false or if you are not told

puis remplissez les blancs : fill in the blanks

n'oubliez pas, dans le dernier exercice, faites correspondre les images et les phrases : don't forget, in the last exercise, match up the pictures and sentences

j'ai une envie pressante : I need to go to the toilet/to use the bathroom

est-ce que je peux aller aux toilettes : can I go to the toilet

tu vas être en retard : you are going to be late

fais vite : quickly

garçon plutôt malin : rather clever boy

il cachait : he hid

rendu compte : realized

c'est quoi en anglais : what is it in english

ça veut dire : it means

pardon : excuse me

n'écrivez pas : don't write

c'est terminé : it's over

lisez l'exemple donné : read the given example

précédemment : previously

décrivez : describe

les rédactions : essays

toqué : knocked

levez-vous s'il vous plaît : stand up please

informer : inform

sera fixée : will be fixed

aussitôt : immediately

soulignez la date : underline the date

calendrier : schedule

est-ce que je peux emprunter une règle : can I borrow a ruler

exercices additionnels : additional exercises

pause de midi : lunch break

posait des questions : asked questions

mentionnez : mention

dictionnaire : dictionary

inadmissible : unacceptable

Histoire 5 : Mme Vernet, La Maîtresse Préférée // Ms. Vernet, the Favorite Teacher

prêter main forte : lend a hand/to help

autonomes : autonomous

notez les mots qui sont en rapport avec : make a note of the words (+that) are related to comment

dit-on les dents en anglais : how do we say teeth in English

prononcez : pronounce

un cheveu sur la langue : a lisp

éduquer : educate

rigoureuse : rigorous

expliquer : explain

génies : geniuses

évaluation de compétence : skills evaluation

dévoué : devoted

plus vous réussirez vos examens : more you will succeed exams

cursus scolaire : curriculum

le métier : the job

prescrivait : prescribed

livres à lire : books to read

culture générale : general culture(or knowledge)

apprentissage : learning

en dictée et en récitation : (in) dictation and reciting

féliciter : to congratulate

réaliser leurs ambitions sans exception : achieve their ambitions without exception

intuition : intuition

trompé : was wrong

des lettres : letters

autoritaire : authoritarian

bonne volonté : good will

PRACTICE YOUR WRITING

Write a short summary of this story. Do not paraphrase please.

Sample:

Voilà maintenant presque vingt-ans que Mme Vernet est institutrice. Cette année, elle enseigne à une classe de CM2, le Cours Moyen de deuxième année. Mme Vernet est quelqu'un de très autoritaire, avec elle, pas le droit à l'erreur et hors de question d'être dissipé. Il faut filer droit et écouter, sinon, gare à vous ! De plus, l'année prochaine, ses élèves passeront au niveau supérieur, du moins elle l'espère, et cette fois ils quitteront l'école primaire. Ainsi, elle se doit de préparer du mieux qu'elle le peut, ses élèves qui passeront pour le collège. De la rigueur, de la discipline et du sérieux ! C'est tout ce que demande Mme Vernet. Entre rédactions, dictées, récitations, lectures, grammaire et mathématiques, Mme Vernet met tout son savoir-faire pour que ses élèves deviennent les meilleurs ! Comme convenu, le résultat est de mise. Les élèves retiennent la leçon et sont exemplaires. Tous passeront au niveau supérieur haut la main ! Mais ce n'est pas tout, réussiront-ils à devenir les meilleurs des meilleurs ? Pourront-ils relever le niveau dans les classes supérieures, et trouver un métier à leur convenance ? Pour Mme Vernet, cela ne fait aucun doute. Toute sa vie durant, son but n'a été que de former des enfants à devenir des petits génies. Et sa bonne volonté finira certainement par payer.

HISTOIRE 6 : AMANDINE, VÉRITABLE FEMME D'AFFAIRES // AMANDINE, A TRUE BUSINESSWOMAN

Amandine travaille maintenant depuis plus de dix ans en **profession libérale**, c'est une véritable **femme d'affaires**. Elle n'a pas **d'associé** et travaille seule. Elle n'est pas **commerciale**, ni **comptable** privée et c'est encore moins une **vendeuse**. Son travail est bien plus complet et regroupe plusieurs **activités** en même temps. Amandine est une **consultante extérieure**. C'est une **experte en analyse** et **travaille à son compte**. Elle possède une sorte de **micro-entreprise** à titre individuel. Il arrive régulièrement qu'elle **embauche** du personnel pour des tâches temporaires. Elle préfère, en effet, faire de la **sous-traitance** dès qu'elle le peut. Elle trouve que, si bien utilisée, cela valorise les compétences en associant diverses activités. Elle s'est constitué un **carnet d'adresses** qui aujourd'hui regroupe les meilleurs **artisans** de tous les domaines.

Amandine has worked in a profession for more than ten years now, she is a true businesswoman. She doesn't have an associate and works alone. She is not a saleswoman, nor a private accountant, let alone a vendor. Her work is much more rounded and brings several activities together at the same time. Amandine is an external consultant. She is an analysis expert and runs her own business. It's a sort of individual micro-business. She regularly hires employees for temporary tasks. In fact, she prefers to subcontract as soon as she can. She finds that, if it's used well, it enhances skills by combining various activities. She has built up an address book which, to this day, brings together the best freelancers in every field.

profession libérale : liberal profession
femme d'affaire : businesswoman
associé : partner
commerciale : commercial
comptable : accountant
experte en analyse : expert analysis
travailler à son compte : work for himself
entreprise : business
embauche : hiring
sous-traitance : subcontractor
carnet d'adresses : address book
artisan : maker

Elle fonctionne sur le principe de **facturation** en accord avec son **statut professionnel**, qui s'apparente à une **société à responsabilité limitée.** Quand **une affaire** se présente, elle propose d'abord un devis, puis ensuite, édite **une facture**. Elle ne fonctionne pas sur le principe du **contrat** à durée indéterminée, cela ressemble plus à **un contrat à durée déterminée**, mais ce n'est pas tout à fait ça non plus. Elle n'a donc pas de **bulletin de salaire**. En revanche, elle exige que le **paiement** soit effectué par **virement bancaire.** Concrètement, elle fonctionne à la tâche. Un client la contacte et lui demande ses **services**. Amandine **analyse** la demande, cerne la problématique et fait une proposition. Souvent, elle organise un déjeuner d'affaires, car elle préfère rencontrer la personne, qui est souvent, soit le **directeur général**, soit un **PDG**. Celui-ci amène quelques dossiers à la demande d'Amandine, tel que le **rapport annuel** de la société, son **chiffre d'affaires** et son capital. Cela facilite tout de même son travail et lui permet de gagner du temps. Ce **rendez-vous** est souvent pris hors contrat, et Amandine compte cela comme des **honoraires**, normalement à la hauteur de 10% du **prix total brut**.

Histoire 6 : Amandine, Véritable Femme d'Affaires // Amandine, a True Businesswoman

She operates on the principle of invoicing in accordance with her professional status, which is similar to a Limited Liability Company. When a deal comes up, she first proposes a quote, then she issues an invoice. She doesn't work on the basis of long-term contracts, it's more like a short-term contract, but that's not quite it either. So, she doesn't have a pay cheque. On the other hand, she requires payments be made by bank transfer. In concrete terms, she works on the task. A client contacts her and requests her services. Amandine analyzes the demand, discerns the problem and makes a proposition. Often, she organizes a business meeting over lunch, because she prefers to meet the person, who is often the managing director or the CEO. They bring some documents that Amandine requests, like the company's annual report, turnover and capital figures. This makes her job easier and helps her save time. This meeting is often taken outside the contract, and Amandine counts this as a fee, normally at 10% of the total gross price.

facturation : billing
statut professionnel : professional status
société à responsabilité limitée : limited liability company
facture : bill
contrat à durée indéterminée : it is a long-term contract that cannot be terminated by either party without two months (sometimes three months) notice
contrat à durée déterminée : short-term contract
paiement : payment
virement bancaire : bank transfer
services : services
analyse : analysis
déjeuner d'affaires : business lunch
directeur général : managing director
PDG (président directeur général) : CEO chief executive officer
rapport annuel : annual financial statement
chiffre d'affaires : sales / turnover
rendez-vous : appointment
prix total brut : total gross price

Mais que fait véritablement Amandine ? Régulièrement, voire même constamment, Amandine travaille pour de très grosses **sociétés**. Elle travaille généralement pour les **maisons mères** de **multinationales**, mais il arrive parfois qu'elle ait à faire avec des **PME (petites et moyennes entreprises),** et très rarement, à des **associations à but non-lucratif** comme les restos du cœur. Donc le **chef, ou le patron** fait appel à ses services et elle analyse la situation. La demande est simple, souvent, ses clients veulent monter une **succursale, faire du profit, faire des économies et limiter les pertes, s'agrandir ou licencier.** Amandine ne leur dit pas tout de suite, mais le pense très fort, vous avez toqué à la bonne porte. Mais tout ceci implique beaucoup de **compétences** et pas que de l'analyse. Car une fois le dossier consulté, il faut passer à l'action.

But what does Amandine actually do? Regularly, well actually, constantly Amandine works for very large companies. She usually works for the parent companies of multinational enterprises, but sometimes she has done work for SMEs (small/medium sized enterprises), and very rarely, for non-profit organizations like Restos du Coeur. So, the CEO or boss calls upon her services and she analyzes the situation. The request is simple, often her clients want to set up a new branch, make a profit, save money and limit losses, expand, or dismiss people. Amandine doesn't tell them right away, but she thinks wholeheartedly, that you have chosen the right person for this job. But all this requires lots of skill and not just analytical ability. Because once she has looked at the document, she needs to take action.

société : society, business
maison mère : a parent company
multinationale : a multinational company
PME, Petite et Moyenne Entreprise : a small and medium-sized business (SMB)
association à but non-lucratif : a non-profit organization
le chef, le patron : boss
succursale : branch
faire du profit : make profit
faire des économies : save money
limiter les pertes : limit losses
s'agrandir : expand
licencier : dismiss, lay-off
compétences : skills

La demande enregistrée, Amandine dresse brièvement un état de la situation et évalue le temps que cela peut prendre. Elle propose ses **tarifs**, qui sont maintenant plutôt élevés puisqu'elle est garante d'une véritable qualité de travail ainsi que d'une **efficacité** sans égale. **Le devis** est accepté et renvoyé avec la mention signée "Bon pour accord", puis un contrat est finalement édité. Dans neuf cas sur dix, Amandine a rendez-vous au siège social. Elle en profite d'ailleurs pour rencontrer **le personnel** de la société car c'est très important pour elle. Puis elle fait le tour de tous les services, comme **le service de marketing** qui gère la communication et la diffusion au public, **les services de ventes** qui gèrent bien entendu les ventes, puis **le service de contentieux** qui s'occupe des problèmes liés à la justice. Enfin, elle visite **le service des ressources humaines** qui est le premier intermédiaire avec **les employés** de l'entreprise et **la hiérarchie**.

With the request taken, Amandine briefly addresses the state of the situation and evaluates the time it may take. She proposes her fees, which are now rather high since she guarantees high quality work as well as unparalleled efficiency. The quote is accepted and sent back with a note saying 'signed and agreed', then a contract is finally produced. Nine out of ten times, Amandine has a meeting at the company headquarters. She takes advantage of this to meet the company's employees because that's very important to her. Then she takes a tour of all the departments, like the marketing department which manages communications and distribution of information to their target market, the sales department which of course manages sales, then the legal department which takes care of problems linked to the law. Finally, she visits the human resources department which is the primary intermediary between the company employees and management.

évaluer : assess, evaluate
tarifs : fees
qualité de travail : quality work
efficacité : efficacy
devis : quote
bon pour accord : good for agreement, quote accepted
le personnel : staff
service de marketing : marketing department
services des ventes : sales department
service de contentieux : legal department
service des ressources humaines : human resources department
employés : employees
la hiérarchie : the hierarchy

Son petit tour d'horizon fait et en fonction de la demande, par exemple si on lui demande de **faire fructifier les gains**. Elle lance une grande étude de marché. C'est là que rentrent en action ses **collaborateurs, les sous-traitants**. Elle prend rendez-vous, lance des **appels d'offres**, organise des **entretiens** et consulte des **annonces** diverses et variées. Bien sûr, son travail est différent si on lui demande **d'organiser une campagne** de **licenciement** au sein d'une grande société. Ce n'est pas ce qu'elle préfère, mais pour Amandine, l'argent n'a pas d'odeur. Bien que, sa propre éthique et morale lui interdit de faire cela n'importe comment. Dans ce cas, elle analyse dans un premier temps **le comportement général de l'entreprise**. Souhaitent-ils virer des gens à cause d'une **délocalisation** ou pour cause de **pertes** ? Amandine échafaude une évaluation au cas par cas qui lui permettra de sortir un **compte-rendu** global sur l'entreprise. Elle propose parfois aux employés de **démissionner** en signant une clause à **l'amiable** afin de faciliter leur départ. Elle prévoit toujours une **réinsertion professionnelle** avec de nouveaux **employeurs** et des **indemnités** pour accompagner le **licenciement**. Elle fait de toute manière, tout ce qui est en son pouvoir pour que tout se passe convenablement. D'ailleurs, dans ce cas précis, elle organise une **réunion** obligatoire entre le service des ressources humaines, **le conseil d'administration, le comité de direction**, et les employés directs. Jouer sur la transparence est la meilleure façon d'aplanir une situation dérangeante pour Amandine.

With her little tour done and in accordance with the request, e.g. if she is asked to grow profits, she starts extensive market research. It's here where her collaborators come into force, the subcontractors. She holds meetings, starts to request proposals, organizes interviews and looks at numerous, varied adverts. Of course, her work is different if she is asked to organize a redundancy campaign within a large company. It's not what she prefers to do, but for Amandine, money is money. Although, her own ethics and morals would prevent her from doing this under any circumstances. In this case, she first analyzes the general behavior of the company. Do they want to fire people due to relocation or losses? Amandine constructs an evaluation on a case by case basis which helps her produce an overall summary of the company. She sometimes suggests to employees to resign by signing an amicable settlement in order to facilitate their departure. It still provides for professional rehabilitation with new employers, and compensation to go with the dismissal. In any case, she does everything in her power so that everything goes smoothly. For that matter, in this specific case, she is organizing a mandatory meeting between the human resources department, the board of directors, top management and the employees involved. For Amandine, being transparent is the best way to resolve a difficult situation.

Histoire 6 : Amandine, Véritable Femme d'Affaires // Amandine, a True Businesswoman

faire fructifier : make it flourish, grow
les gains : gains
étude de marché : market research
collaborateur : collaborator
sous-traitant : subcontractor
appel d'offre : tender
organiser une campagne : organize a campaign
licenciement : lay-off
argent : money
comportement général de l'entreprise : corporate behaviour
délocalisation : relocation, to relocate
pertes : losses
échafauder : construct
évaluation : evaluation
démissionner : to resign
amiable : friendly
réinsertion professionnelle : vocational rehabilitation
employeur : employer
réunion : meeting
conseil d'administration : board of directors
comité de direction : top management

Parfois, c'est l'inverse. On peut lui demander de préparer les démarches pour **créer une entreprise**, ou **recruter du personnel**. Dès lors, Amandine prévoit des **entretiens d'embauche**, éplucher les **lettres de motivation** ainsi que les **candidatures**, puis faire une sélection triée sur **le volet**. Il faut négocier les **salaires**, parfois faire **une avance** pour des boulots temporaires, comme pour la sous-traitance qui souvent demande **un acompte** de 30% de la somme globale. Enfin, Amandine doit alors mettre à jour **le registre du personnel**. Elle fait souvent appel à une **secrétaire** ou un service d'administration pour cette tâche qu'elle déteste par-dessus tout. Elle s'en était déjà rendu compte par le passé, c'était un véritable cauchemar pour elle.

Sometimes, it's the opposite. She can be asked to prepare the steps to create a company or recruit staff. From then on, Amandine plans job interviews, goes through cover letters as well as applications, then she handpicks a selection. She needs to negotiate salaries, sometimes make an advance payment for temporary jobs, just as for subcontracting, which often requires 30% of the total amount to be paid up front. Finally, Amandine must update the staff register. She often contacts a secretary or an administration service for this task, which she hates above anything else. She had already realized this in the past, it was a real nightmare for her.

créer une entreprise : to set up a business
recruter du personnel : recruit staff
entretiens d'embauche : job interviews
lettre de motivation : cover letter
candidature : application
trier sur le volet : cherry pick
salaire : salary
une avance : advance payment
un acompte : to pay an advance
secrétaire : secretary

Cette année est une grande année pour Amandine. Sa **renommée** est plus reconnue, et elle est obligée de refuser des affaires tellement son **emploi du temps** est saturé. Voilà justement qu'un **client** vient de la contacter. À première vue, cela semble être une très **bonne affaire**, le client est **fiable**, **compétitif** sur le marché et a déjà accepté son **prix plancher**. Cette **entreprise** travaille dans le **secteurécologique** au grand bonheur d'Amandine. Ils sont capables de proposer des produits manufacturés comme industrialisés, ainsi que des biens de consommation ou de première nécessité. Cette **pluralité** et diversité leur permettent de présenter une gamme de prix défiant toute **concurrence** par rapport aux **prix du marché. Le prix au détail** reste abordable et l'entreprise est une adepte du coupon de **réduction** sur l'achat par lot.

This year is a big year for Amandine. Her reputation is better known, and she has to refuse business because her schedule is so packed. Speaking of which, a client has just contacted her. At first glance, this seems to be a very good deal, the client is reliable, competitive in the market and has already accepted her base price. To Amandine's delight, this company operates in the environmental sector. They are capable of offering manufactured and mechanized products, as well as commodities or consumable goods. This plurality and diversity allows them to present a range of prices that beats all competition compared on market prices. The retail price stays affordable and the company uses discount coupons on bulk purchases.

Histoire 6 : Amandine, Véritable Femme d'Affaires // Amandine, a True Businesswoman

renommée : fame
emploi du temps : timetable
client : client
bonne affaire : bargain
fiable : reliable
compétitif : competitor
prix plancher : floor price
entreprise : business
secteur écologique : environmental sector
produits manufacturés : manufactured goods
biens de consommation ou de première nécessité : commodities and consumer goods
pluralité : plurality
gamme de prix : price range
concurrence : competition
prix du marché : market price
prix au détail : retail price
réduction : a discount

Leur demande est simple, comme toujours, **augmenter les profits**, créer des succursales, recruter du personnel compétent. De plus, l'avantage, c'est qu'ils disposent de **moyens** assez conséquents, ce qui va permettre à Amandine d'effectuer un travail très intéressant. D'ailleurs, grande nouveauté de cette année, Amandine va travailler avec une **stagiaire** et un **apprenti**, qui vont pouvoir **l'épauler** dans ce travail de taille. Bien sûr, cela n'était pas **gratuit** pour elle, elle devait leur fournir un salaire minimum, cela allait lui **coûter des frais** ainsi que **des charges** supplémentaires. Mais **contribuer** à la formation de jeunes l'intéressait grandement. Autre avantage, l'État français distribuait des subventions et des **primes** à tout employeur qui prenait avec lui des stagiaires et des apprentis, alors que demander de plus !

As always, their request is simple, to increase profits, create new branches, recruit able staff. Additionally, the advantage is that they have fairly substantial resources at their disposal, which will allow Amandine to do a very interesting job. Besides, some big news for this year, Amandine is going to work with an intern and an apprentice, who are going to be able to support her in this sizeable job. Of course, this wasn't free for her, she had to give them minimum wage, which would cost her and would bring the cost of expenses as well. But contributing to the education of young people interested her greatly. Another advantage, the French State distributed grants and bonuses to every employer with interns and apprentices, so what more could you ask for?!

augmenter les profits : increase profits
moyen : average
stagiaire : trainee, intern
apprenti : apprentice
épauler : support
gratuit : free
coûter des frais : cost of expenses
des charges : charges
contribuer : to contribute
primes : bonus

L'écologie et le renouvelable, c'était la **marque de fabrique** de cette fameuse entreprise qui **louait** les services d'Amandine. Incitez le **consommateur** à consommer plus intelligemment et plus **responsable**, telle était leur volonté, quitte à faire des **promotions**. Beaucoup **d'articles** qu'ils vendaient se voyaient **rabaissés** au **demi-tarif** plutôt que d'être affichés au **prix fort**. Une bonne **image de marque** jouait toujours en la faveur d'une entreprise. L'ayant très bien compris, Amandine s'est alors servie de cet **atout majeur** que possédait l'entreprise. Elle a même inventé un nouveau concept au sein des magasins de cette entreprise : **l'étiquette** écologique ! C'est une idée qui met en avant le fait que l'article a été produit de manière saine, dans un but responsable, par le biais d'un logo qui représente le concept du renouvelable. Pour se faire, elle a dû faire appel à une entreprise de communication et **d'infographie**. Il faut dire que le carnet d'adresses d'Amandine est particulièrement fourni.

The environment and renewable energy were the hallmarks of this famous company which employed Amandine's services. Encourage the customer to consume more intelligently and more responsibly, such was their desire, even if it means doing promotions. Many of the products they sold were reduced to half price rather than being displayed at full price. A good brand image has always worked in a company's favor. With that having been clearly understood, Amandine then used the main asset that the company had. She even invented a new concept within this company's stores: environmentally friendly packaging! It's an idea which highlights that this item was produced in a healthy way, with the aim of being responsible, with the help of a logo which represents the idea of renewable energy. To do this, she had to make a call to a communication and infographics company. It has to be said that Amandine's address book is particularly well filled.

écologie et renouvelable : ecology and renewable
marque de fabrique : brand
louer : to rent
consommateur : consumer
responsable : responsible
promotion : promotion
article : article
rabaisser : belittle
demi-tarif : half price
prix fort : high price, full price
image de marque : brand image
atout majeur : main quality
étiquette : a price tag
infographie : infographics

En fait, sur le marché des consultants, Amandine n'avait aucun **concurrent**. Elle était à la pointe de sa branche, **le nec le plus ultra**. En matière de **gérance, de gestion, de comptabilité**, Amandine maîtrisait tout sans ne jamais rien omettre. Elle faisait preuve d'un **professionnalisme** sans égale. De toutes les entreprises dont elle a eu la charge en tant que consultante, aucune n'a jamais **fait faillite**, c'est vous dire ! Que vous soyez **acheteur, vendeur, loueur** ou quoi que ce soit d'autre, vous pouvez lui faire confiance et même lui confier tous vos **biens**, elle les fera se multiplier.

C'est ainsi que l'entreprise ECO&CORP, l'un des entrepreneurs les plus **influents** du **marché** de l'énergie renouvelable, a donc placé son entière confiance entre les mains d'Amandine. Après avoir lancé la **fabrication** des étiquettes écologiques pour les chaînes de leurs magasins, elle leur a proposé de s'installer dans de nouveaux **locaux** qui leur permettraient d'accueillir plus de **main d'oeuvre**.

In fact, in the consultancy market, Amandine didn't have a single competitor. She was at the forefront of her field, head and shoulders above the rest. In terms of management and accounting, Amandine had mastered it all without ever omitting a single detail. She demonstrated unparalleled professionalism. Among all the companies she was responsible for as a consultant, none have ever gone bankrupt, and that's saying something! Whether you are a buyer, seller, renter or whatever else, you can trust her and even entrust her with all your goods, she will multiply them.

This is why the company ECO&CORP, one of the most influential in the renewable energy market, placed all their trust into Amandine's hands. Having launched production of the eco-friendly labelling for their chain of stores, she suggested they move into new offices which would allow them increase their workforce.

le nec le plus ultra : the ultimate
gérance : management
gestion : management
comptabilité : accounting
professionnalisme : professionalism
faire faillite : to go bankrupt
acheteur : buyer
vendeur : seller
loueur : renter
biens : property
influent : influential
marché : market
fabrication : manufacturing
locaux : local
main d'oeuvre : workforce

— Il faut que vos locaux soit à l'image de ce que vous êtes. Pensez-y, vos **bureaux** sont aussi votre **vitrine**. Qui ne rêve pas un jour d'aller travailler chez Google ?! Et c'est bien, parce que les locaux sont **splendides**. L'écologie, c'est à la mode. Plus vos bureaux paraîtront **disponibles**, branchés, et en accord avec vos principes, plus vous **attirerez** du monde à vous. C'est une clef pour **la réussite**, faites-moi confiance, disait-elle lors d'une **réunion d'équipe** alors qu'elle faisait défiler son exposé Powerpoint depuis son **ordinateur portable**.

"Your offices need to show what you are. Think about it, your offices are also a showcase. Who doesn't dream of working for Google one day?! And it's because

Histoire 6 : Amandine, Véritable Femme d'Affaires // Amandine, a True Businesswoman

their offices are splendid. The environment is trendy. The more your offices appear on trend, connected and in line with your principles, the more you will attract people to you. It's a key to success, trust me," she said during a team meeting as she scrolled through a PowerPoint presentation on her laptop.

bureaux : offices
vitrine : showcase
splendide : splendid
disponible : available
attirer : to attract
la réussite : the success
réunion d'équipe : team meeting
ordinateur portable : laptop

Ses employeurs ont tout de suite accepté son idée. Quelques semaines plus tard, Amandine signait un **bail de location** dans de nouveaux locaux. D'autre part, les locaux étaient situés dans une zone dite **pépinière d'entreprise** qui favorise les nouvelles entreprises ou **la refonte** d'une société. Ainsi, les **impôts** étaient beaucoup moins élevés. De plus, si par **mégarde**, l'entreprise venait à s'effondrer, le **coût** de **liquidation** serait amorti grâce à des **subventions** de l'État. Il n'y avait donc aucun risque concernant **l'investissement**.

— Aujourd'hui, les gens veulent pouvoir **choisir**. Proposez des choses **variées**, soyez actifs et présents sur le marché, on viendra forcément vous voir parce que vous savez jouer sur plusieurs tableaux. Et cela vous rapportera des **bénéfices** sans aucun doute.

Her employers accepted her idea straight away. A few weeks later, Amandine signed a rental contract for the new premises. On the other hand, the offices were located in a business incubator area which encourages new companies or the redesign of a company. And so the taxes were much lower. Moreover, if the company inadvertently collapsed, the liquidation costs would be paid off thanks from government grants. So, there was no risk when it came to investment.

"Today, people want to be able to choose. Offer a variety of things, be active and present in the market, they will inevitably come to see you because you know how to operate on multiple levels. And this will undoubtedly bring you benefits."

bail de location : rental contract

pépinière d'entreprise : business incubator
la refonte : redesign
impôts : taxes
mégarde : inadvertently
coût : cost
liquidation : liquidation
amortir : cushion
subvention : grant
investissement : investment
choisir : to choose
variées : varied
bénéfices : benefits

Amandine était très **entreprenante**. Une fois un projet en main, elle ne le lâchait plus, sauf manque de budget, elle n'allait tout de même pas travailler **gratuitement**. Après avoir installé l'entreprise dans ses nouveaux locaux, Amandine a débloqué des fonds pour lancer une grande **campagne de publicité**. Il fallait les faire connaître à un large public et pas seulement chez les habitués. Encore une fois, pari **gagné**, deux mois plus tard, les **recettes hebdomadaires** ont presque doublées. Par la suite, Amandine a contacté une société de **gestion de patrimoine**. Car tout cet argent, il fallait maintenant le placer sur des **comptes bancaires** qui le feraient croître de jour en jour. Il y avait un moyen rapide pour **faire fructifier** de l'argent, mais illégal. Certains de ses collègues n'hésitaient pas à le faire, mais pour Amandine, inscrire une entreprise dans un **paradis fiscal**, c'était tricher. Et tricher, c'était être lâche et **malhonnête**. Amandine n'était pas de ce genre, c'était une gagnante qui dépensait toute son énergie pour la réussite et avec honneur.

Amandine was very enterprising. Once she had a project in her hand, she didn't let go, unless the budget fell short, after all she wasn't going to work for free. Having set the company up in its new offices, Amandine released funds to set up a big marketing campaign. They had to become known to a large audience and not only their regular customers. Again, her bet paid off, and two months later their weekly earnings had almost doubled. Subsequently, Amandine contacted an asset management company because, with all this money, they now needed to place it in bank accounts which would accrue interest daily. There was a quick way to increase your money, but it was illegal. Some of her colleagues didn't think twice to do it, but for Amandine, registering a company in a tax haven was cheating. And cheating was cowardly and dishonest. Amandine wasn't like that; she was a winner who put all her energy into honorable success.

entreprenante : enterprising
budget : budget
gratuitement : free
campagne de publicité : publicity campaign
les habitués : the regulars
pari gagné : bet won
recettes hebdomadaires : weekly earnings
comptes bancaires : bank accounts
faire fructifier : make it flourish
paradis fiscal : fiscal paradise
malhonnête : dishonest

Les fonds débloqués, la publicité faite, et l'affaire vraiment lancée, Amandine arrivait presque au terme de son contrat avec ECO&CORP. Il lui restait maintenant une dernière chose à faire, recruter un personnel administratif très compétent. Il fallait que des gens puissent reprendre l'aventure et pour cela, seul des **entrepreneurs** compétents, **motivés** et **avec de l'expérience** seraient **convoqués**. Après avoir passé de nombreuses **offres d'embauche**, vu et revu de nombreuses personnes, Amandine avait enfin trouvé les personnes idéales.

With the funds released, the advertising done, and the business well underway, Amandine's contract with ECO&CORP was nearly finished. There was only one last thing to do, to recruit competent administrative staff. They had to be able to take over the adventure and, for that, only competent, motivated and experienced entrepreneurs would be called in. After making numerous job offers, and interviewing and re-interviewing numerous people, Amandine had finally found the ideal people.

les fonds : funds
entrepreneurs : entrepreneur
motivés : motivated
avec de l'expérience : with experience
convoqué : convened
offres d'embauche : job offers

Le résultat tant attendu ne s'était pas fait attendre très longtemps. ECO&CORP n'avait plus de concurrence tellement elle visait **l'excellence**. Encore une fois, Amandine avait **fait ses preuves**. Mais voilà qu'à peine avait-elle rempli sa dernière mission qu'une nouvelle chose est arrivée. La **rumeur** qu'une jeune femme avait **propulsé** plusieurs entreprises, dont certaines sont devenues influentes à **l'échelle mondiale** par la suite, avait rapidement fait le tour du pays. Si bien qu'un beau matin, alors qu'Amandine profitait de ses quelques jours de repos, **une dépêche** est venue interrompre ses vacances.

The highly anticipated result didn't take very long. ECO&CORP had no rivals because it strived for excellence. Once again, Amandine proved herself. But barely had she finished her last mission when something new came up. The rumor that a young woman had rapidly promoted several companies, of which some subsequently became influential on the global scale, had rapidly spread around the country. So much so that, one fine morning, when Amandine was enjoying a few days of rest, a message arrived to interrupt her vacation.

excellence : excellence
faire ses preuves : to prove oneself
rumeur : rumor
propulser : propel
échelle mondiale : worldwide, global scale
une dépêche : a dispatch

"Madame, en vertu des pouvoirs qui me sont conférés, et au vu de votre savoir-faire sans égale, s'il vous plaît veuillez prendre note de ce dossier dont nous aurions aimé vous voir prendre la charge et la responsabilité. Veuillez s'il vous plaît, recevoir mes sentiments les plus dévoués. Sincèrement, Monsieur le ministre de l'Économie".

"Madame, by the powers vested in me, and in view of your unrivalled expertise, please take heed of this document of and for which we would like to see you to take charge and responsibility. I would like to extend to you my best wishes. Yours sincerely, Mr. Secretary of the Treasury"

en vertu des pouvoirs qui me sont conférés : under the powers vested in me
prendre note : take note, take a look
sincèrement : sincerely

Histoire 6 : Amandine, Véritable Femme d'Affaires // Amandine, a True Businesswoman

Cela avait été comme **un choc** pour Amandine. Ses compétences étaient tellement **recherchées** que l'État français lui-même **s'arrachait** sa personne ! Elle a alors consulté le dossier qui était rattaché à la lettre. C'était incroyable, un projet de taille, **un projet colossal** même, un projet qui pouvait **changer le cours** de l'économie française, voire de l'Europe ! Mais cela allait demander du temps, beaucoup de temps. Amandine était-elle prête à accepter de signer un CDD de sept ans ? Sept ans, telles étaient **les conditions préalables du contrat**. Amandine ne s'était jamais **engagée** sur une si longue durée, et elle tenait profondément à sa **liberté professionnelle**. Mais cette fois-ci, il ne s'agissait pas de redresser une entreprise, ni même une multinationale, mais un Pays, l'économie de toute une Nation !

This came as a shock to Amandine. Her skills were so sought after that the French government itself was fighting over her! So, she looked at the document attached to the letter. It was incredible, a sizeable project, a colossal project even, a project which could change the course of the French economy, even Europe's! But this was going to require time, a lot of time. Was Amandine ready to accept to a seven-year fixed contract? Seven years, such were the terms of the contract. Amandine had never signed up for one for such a long time, and she cared deeply about her professional freedom. But this time, it wasn't a question of fixing a company, nor even a multinational, but a country, the economy of an entire nation!

un choc : a shock
recherchées : sought
s'arracher : to covet
projet colossal : colossal project
changer le cours de : change the course
les conditions préalables du contrat : prerequisites of the contract
engagée : committed
liberté professionnelle : professional freedom

L'hésitation a été grande. Pour une fois, car c'est chose rare, Amandine a beaucoup douté. Mais quelques jours après cette fameuse nouvelle, sa **décision** était prise. Amandine avait finalement **renoncé** à sa liberté pour sept ans. **Sa carrière** au sein de l'État allait pouvoir commencer ! **L'enjeu** était de mise. Amandine allait devoir s'intéresser de loin à quelques notions politiques qui, pour elle, ne sont ni plus ni moins que des **principes d'organisation**. L'État est une grande société finalement, où il faut savoir faire **converger** les énergies de chacun pour que tout le monde puisse y trouver son compte. Tel était la vision idéale d'Amandine ! 2023 verrait peut-être une France en plein coeur d'un boom économique. En tout cas, jusqu'à maintenant, Amandine n'a jamais **manqué son coup** !

She hesitated greatly. For once, because this is rare, Amandine was very uncertain. But a few days after this excellent news, her mind was made up. Amandine was finally giving up her freedom for seven years. Her career within the government was able to start! The stakes were high. Amandine was going to have to be interested from afar about some political notions which, for her, are more or less the same as the principles of business. The State is a big company after all, one which needs to know how to bring everyone's energies together so that everyone can benefit. Such was Amandine's perfect scenario. 2023 may see France in the middle of an economic boom. In any case, as of yet, Amandine had never missed the mark.

l'hésitation : hesitation
décision : decision
renoncer : renounce
sa carrière : his/her career
enjeu : challenge
principe d'organisation : organizing principle
converger : converge
manquer son coup : to miss something

VOCABULARY RECAP

profession libérale : liberal profession

femme d'affaire : businesswoman

associé : partner

commerciale : commercial

comptable : accountant

experte en analyse : expert analysis

travailler à son compte : work for himself

entreprise : business

embauche : hiring

sous-traitance : subcontractor

carnet d'adresses : address book

artisan : maker

facturation : billing

statut professionnel : professional status

société à responsabilité limitée : limited liability company

facture : bill

contrat à durée indéterminée : it is a long-term contract that cannot be terminated by either party without two months (sometimes three months) notice

contrat à durée déterminée : short-term contract

paiement : payment

virement bancaire : bank transfer

services : services

analyse : analysis

déjeuner d'affaires : business lunch

directeur général : managing director

PDG (président directeur général) : CEO chief executive officer

rapport annuel : annual financial statement

chiffre d'affaires : sales / turnover

rendez-vous : appointment

prix total brut : total gross price

société : society, business

maison mère : a parent company

multinationale : a multinational company

PME, petite et moyenne entreprise : a small and medium-sized business (SMB)

association à but non-lucratif : a non-profit organization

le chef, le patron : boss

succursale : branch

faire du profit : make profit

faire des économies : save money

limiter les pertes : limit losses

s'agrandir : expand

licencier : dismiss, lay-off

compétences : skills

évaluer : assess, evaluate

tarifs : fees

qualité de travail : quality work

efficacité : efficacy

devis : quote

bon pour accord : good for agreement, quote accepted

le personnel : staff

service de marketing : marketing department

services des ventes : sales department

service de contentieux : legal department

service des ressources humaines : human resources department

employés : employees

la hiérarchie : the hierarchy

faire fructifier : make it flourish, grow

les gains : gains

étude de marché : market research

collaborateur : collaborator

sous-traitant : subcontractor

appel d'offre : tender

organiser une campagne : organize a campaign

licenciement : lay-off

argent : money

comportement général de l'entreprise : corporate behaviour

délocalisation : relocation, to relocate

pertes : losses

échafauder : construct

évaluation : evaluation

démissionner : to resign

amiable : friendly

réinsertion professionnelle : vocational rehabilitation

employeur : employer

réunion : meeting

conseil d'administration : board of directors

comité de direction : top management

créer une entreprise : to set up a business

recruter du personnel : recruit staff

entretiens d'embauche : job interviews

lettre de motivation : cover letter

candidature : application

trier sur le volet : cherry pick

salaire : salary

une avance : advance payment

un acompte : to pay an advance

secrétaire : secretary

renommée : fame

emploi du temps : timetable

client : client

bonne affaire : bargain

fiable : reliable

compétitif : competitor

prix plancher : floor price

entreprise : business

secteur écologique : environmental sector

produits manufacturés : manufactured goods

biens de consommation ou de première nécessité : commodities and consumer goods

pluralité : plurality

gamme de prix : price range

concurrence : competition

prix du marché : market price

prix au détail : retail price

réduction : a discount

augmenter les profits : increase profits

moyen : average

stagiaire : trainee, intern

apprenti : apprentice

épauler : support

gratuit : free

coûter des frais : cost of expenses

des charges : charges
contribuer : to contribute
primes : bonus
écologie et renouvelable : ecology and renewable
marque de fabrique : brand
louer : to rent
consommateur : consumer
responsable : responsible
promotion : promotion
article : article
rabaisser : belittle
demi-tarif : half price
prix fort : high price, full price
image de marque : brand image
atout majeur : main quality
étiquette : a price tag
infographie : infographics
le nec le plus ultra : the ultimate
gérance : management
gestion : management
comptabilité : accounting
professionnalisme : professionalism
faire faillite : to go bankrupt
acheteur : buyer
vendeur : seller
loueur : renter
biens : property
influent : influential
marché : market

fabrication : manufacturing

locaux : local

main d'oeuvre : workforce

bureaux : offices

vitrine : showcase

splendide : splendid

disponible : available

attirer : to attract

la réussite : the success

réunion d'équipe : team meeting

ordinateur portable : laptop

bail de location : rental contract

pépinière d'entreprise : business incubator

la refonte : redesign

impôts : taxes

mégarde : inadvertently

coût : cost

liquidation : liquidation

amortir : cushion

subvention : grant

investissement : investment

choisir : to choose

variées : varied

bénéfices : benefits

entreprenante : enterprising

budget : budget

gratuitement : free

campagne de publicité : publicity campaign

les habitués : the regulars

pari gagné : bet won

recettes hebdomadaires : weekly earnings

comptes bancaires : bank accounts

faire fructifier : make it flourish

paradis fiscal : fiscal paradise

malhonnête : dishonest

les fonds : funds

entrepreneurs : entrepreneur

motivés : motivated

avec de l'expérience : with experience

convoqué : convened

offres d'embauche : job offers

excellence : excellence

faire ses preuves : to prove oneself

rumeur : rumor

propulser : propel

échelle mondiale : worldwide, global scale

une dépêche : a dispatch

en vertu des pouvoirs qui me sont conférés : under the powers vested in me

prendre note : take note, take a look

sincèrement : sincerely

un choc : a shock

recherchées : sought

s'arracher : to covet

projet colossal : colossal project

changer le cours de : change the course

les conditions préalables du contrat : prerequisites of the contract

engagée : committed

liberté professionnelle : professional freedom

l'hésitation : hesitation

décision : decision

renoncer : renounce

sa carrière : his/her career

enjeu : challenge

principe d'organisation : organizing principle

converger : converge

manquer son coup : to miss something

PRACTICE YOUR WRITING

Write a short summary of this story. Do not paraphrase please.

Sample:

Vous cherchez quelqu'un pour lancer votre entreprise, faire fructifier vos économies ou augmenter votre chiffre d'affaires ? Ou encore, vous cherchez quelqu'un pour régler les contentieux de votre entreprise, gérer au mieux une campagne de licenciement, alors si vous faites appel à Amandine, c'est que vous avez toqué à la bonne porte. Amandine travaille depuis toujours à son compte, dans le monde de la profession libérale. C'est une véritable femme d'affaire, sur le marché du consulting, on ne fait pas mieux. Son travail consiste à agir en tant que consultante extérieur. Elle est là pour analyser toutes les problématiques possibles de votre entreprise et faire en sorte que vous deveniez une multinationale à reconnaissance mondiale ! Et ses talents se font de plus en plus remarquer. Pour cette fois, Amandine offrira ses services à une jeune entreprise déjà bien implantée sur le marché de l'écologie et du renouvelable : ECO&CORP. De nouveaux locaux plus modernes, une image de marque, un logo concept et une meilleure communication, feront de cette entreprise, comme prévu par Amandine, le numéro Un de son secteur. Inutile de vous dire que le pari est gagné. C'est alors qu'une rumeur se forge autour de la personne d'Amandine. Une jeune femme de génie court les rues du Consulting. C'est alors qu'une proposition de taille se voit proposée à Amandine. Acceptera-t-elle de louer, au prix de sa liberté, ses services si demandés ?

HISTOIRE 7 : LES ENQUÊTES DE SARAH TURNER // SARAH TURNER'S INVESTIGATIONS

Sarah Turner semblait **emprunt** d'un doute, assise à son bureau, son **coéquipier** en face.

Ce n'est **qu'une bande** de gamins, ils n'ont pas pu faire le coup, je ne veux pas y croire. On a pratiquement rien sur eux. L'un a été **inculpé** pour une petite **peine avec sursis** il y a trois ans pour **coups et blessures**. L'autre a pris une **amende** pour vol à **l'étalage**, et une fiche dans le **casier judiciaire**. Comment deux jeunes peuvent passer du délit mineur au meurtre ?!

Sarah Turner seemed doubtful, sitting at her desk across from her colleague.

It's only a gang of kids, they couldn't have done it, I don't want to believe it. We have practically nothing on them. One of them had been charged with a short, suspended sentence for aggravated assault three years ago. The other has had a fine for shoplifting and has a criminal record. How do two young people go from petty crime to murder?!

> **être emprunt** : be borrowing (**emprunt d'un doute** : having a doubt)
> **coéquipier** : teammate /partner
> **une bande** : a gang
> **inculpé** : charged with
> **peine avec sursis** : suspended sentence
> **coups et blessures** : aggravated assault
> **amende** : a fine
> **vol à l'étalage** : shoplifting
> **judiciaire** : judiciary

— Sarah, tu te tourmentes encore avec cette histoire de **drogue** et de **meurtre** ? Les deux sont passés aux **aveux** ! L'affaire est **classée**, c'est fini.

— Écoute Morel, je n'en sais rien. Y'a un truc qui ne colle pas dans cette histoire. Comment deux jeunes peuvent **abattre** un **CRS en service**.

— Mais **ils ont avoué** !

— Et alors ? Peut-être qu'ils **subissaient une forme de pression** ? Peut-être que quelqu'un **exerçait sur eux un effet de dissuasion** ?

— Moi je vais te dire ce qu'il s'est passé Sarah. Ces deux **délinquants** étaient en train de se fumer un peu de Marijuana quand ce **flic** a débarqué. Ils ont voulu **se sauver** mais l'un d'eux est tombé, ce qui explique les marques qu'il a sur les jambes, et ils se sont fait **rattraper**. Le policier a voulu les **embarquer au poste**, une **lutte** s'est alors déclarée puis dans la panique, ça a **dégénéré** ! Bastien Coulé était judoka, on l'a vu dans son dossier. Il a **maîtrisé** le CRS qui a certainement dû perdre son arme durant la **bagarre**.

"Sarah are you still torturing yourself over this drug and murder case? They both confessed! The case is closed, it's over."

"Listen Morel, I'm not so sure. There is something not quite right about this story. How can two young people shoot an on-duty riot police officer?"

"But they admitted it!"

"So? Maybe they were under some form of pressure? Maybe someone intimidated them?"

"I'll tell you what happened, Sarah. These two delinquents were in the middle of smoking a bit of marijuana when this cop turned up. They wanted to run away but one of them fell over, which explains the marks on their legs, and they felt trapped. The cop wanted to bring them into the station, a struggle broke out and then in the panic, it escalated. Bastien Coulé knew judo, we saw that in his file. He overpowered the riot police officer who must have lost his weapon during the fight."

drogue : drugs
meurtre : murder
aveux : confession
classée : classified
abattre : to shoot down
CRS : riot police
en service : in duty, at work
avouer : confess
subir une forme de pression : undergo a form of pressure
exercer un effet de dissuasion : to act as a deterrent
délinquant : delinquent
flic : cop
se sauver : to run away
rattraper : catch up
embarquer au poste : embark on post
dégénéré : degenerate
maîtriser : to control
bagarre : fight

— C'est complètement insensé ! Toi-même tu le sais, c'est ce qu'on nous apprend en premier à l'école militaire, comment ne pas perdre son **arme** dans un **combat**.

— Laisse moi finir Sarah. C'est là que son ami Michaël Maier a sauté sur l'arme du policier. Il l'a **menacé**. Mais le flic n'a pas **succombé** à la peur, il s'est défendu. D'où le **témoignage** des voisins d'ailleurs, qui ont entendu les menaces que le CRS leur faisait. Du stress, de l'anxiété, et paf ! Michaël Maier a **appuyé sur la**

détente et abattu le flic. C'est tout, point final. Ils ont tous les deux fait la même **déposition**.

— Je vais demander **un recours**. **J'exige** qu'on revoie le dossier. Un gamin de dix-huit ans ne peut pas, sous le coup de la panique, **exécuter** froidement **un représentant de la paix**. Il y a quelque chose derrière. **Accordez-moi** juste un peu de temps, et si je ne trouve pas, **j'admettrais** les faits.

"That's completely insane! You know that yourself, the first thing they teach us at military school is how not to lose your weapon in a fight."

"Let me finish, Sarah. It's here that his friend Michaël Maier jumped on the officer's weapon. He threatened him with it. But the cop didn't give in to his fear, he defended himself. Hence where the neighbors' testimony came from as they heard the threats the officer made to them. Stress, anxiety and boom! Michaël Maier pulled the trigger and shot the cop. That's it, period. They both made the same statement."

"I'm going to request an appeal. I need to see the case file again. An eighteen-year-old kid, gripped by panic, can't execute a law enforcement officer in cold blood. There's something behind all this. Give me a little time, and if I don't find anything, I will accept the facts.

arme : weapon
combat : a fight
menacer : threaten
succomber : succumb
appuyer sur la détente : pull the trigger
déposition : testimony
un recours : a recours, an appeal
exiger : to require
exécuter : to execute/kill/murder
représentant de la paix : an agent
accorder : to grant
admettre : to admit

— Ainsi soit-il, fais comme tu le voudras.

— J'y compte bien. Sur ce, à bientôt, mon cher Morel.

J'espère que le **bureau fédéral** m'accordera l'autorisation du recours. Je maintiens ce que je pense, Bastien Coulé et Michaël Maier ne sont pas les **coupables**. Puis il y a autre chose qui me tracasse. Des traces de **sang** indiquent que le corps a été déplacé.

Sarah était sûre d'elle. **L'agression** avait belle et bien eu lieu, mais non le meurtre, c'était une évidence pour elle.

La balle qu'on a retrouvée provenait d'un **gros calibre**. Un **flingue** qu'on ne peut pas se procurer si facilement. Puis, personne ne nous a fait part d'un **coup de feu**. Or, en la **circonstance**, ce genre **d'arme à feu** ne peut pas passer inaperçu une fois la balle tirée. Il faut absolument prolonger cette **enquête criminelle**.

"So be it, do what you want."

"I should hope so, and on that note, see you soon, my dear Morel.

I hope the federal office will grant me authorization for an appeal. I maintain what I believe, Bastien Coulé and Michaël Maier are innocent. Then there's something else bothering me. The traces of blood indicating that the body had been moved."

Sarah was certain. It was obvious to her that the assault definitely took place, but not the murder.

The bullet they retrieved came from a high caliber weapon. A gun that you can't get so easily. And nobody told us about hearing a gunshot. You know, in this situation, this type of weapon can't go unnoticed once a shot is fired. This criminal investigation must definitely be extended.

> **bureau fédéral** : federal office
> **coupables** : guilty
> **sang** : blood
> **agression** : assault
> **évidence** : evidence (obviousness)
> **la balle** : bullet
> **gros calibre** : large caliber
> **flingue** : gun
> **coup de feu** : gunshot
> **circonstance** : circumstance

arme à feu : firearm

enquête criminelle : criminal investigation

Sarah se dirigeait vers les bureaux de ses supérieurs pour demander le recours.

Qu'ils aient pris **la fuite**, je veux bien. Le meurtre, c'est impossible.

— Ah, mademoiselle Turner ! Justement, on vous attendait.

— Messieurs, **le meurtrier** de l'agent Cover est encore dehors. Il est de notre **responsabilité** de reprendre le dossier.

— Quelles sont vos **preuves**.

— Je n'en ai pas. Mais j'ai plusieurs **hypothèses** qui me permettraient de **remonter la source**.

— Écoutez. La durée **légale d'investigation** après la **clôture** d'un dossier est de trois semaines. Si d'ici là vous n'avez rien trouvé, nous ne pourrons plus rien faire pour vous, à moins qu'un proche des deux jeunes fasse un **appel en cours de cassation**. Dès lors, il vous faudra mettre en place un **contrôle judiciaire** et toute la **panoplie** des **mandats de perquisition**.

— Merci. Je vous soumettrai mes **conclusions** d'ici là.

Sarah headed towards her superiors' offices to request an appeal.

I agree that they fled. But murder is impossible.

"Ah, Miss Turner. We were expecting you."

"Gentlemen, Agent Cover's murderer is still out there. It is our responsibility to reopen the case."

"What evidence do you have?"

"I don't have any. But I have several hypotheses which would help me to get to the bottom of it."

"Listen, the legal duration of an investigation after the closure of a case is three weeks. If you haven't found anything by then we won't be able to help you, unless someone close to the young men makes an appeal to the Supreme Court.

Subsequently, you will need to arrange a judicial review and the whole search warrant rigmarole."

"Thank you. I will submit my findings to you before then.

fuite : escape
meurtrier : murderer
responsabilité : responsibility
preuves : proof
hypothèse : hypothesis
remonter la source : up the source
légal : legal
investigation : investigation
clôture : closing
appel en cours de cassation : supreme current call
contrôle judiciaire : judicial review
panoplie : range, panoply
mandat : warrant
perquisition : search, raid
conclusion : conclusion

Sarah venait d'obtenir un peu de temps. **La chasse** allait pouvoir reprendre. Première piste, interroger les différents prétendus **témoins**. Après deux jours, elle n'avait toujours pas **d'indices** qui pouvaient confirmer ses **suspicions**. Mais Sarah n'avait pas dit son dernier mot.

Je vais quand même voir **le légiste**.

— Jack ? Bonjour, c'est Sarah. Est-ce que je peux passer au **labo**, je voudrais vérifier quelque chose.

— Bien sûr, passe quand tu veux.

Le rapport de **l'autopsie** était clair. Une balle avait **perforé** le poumon gauche de l'officier. Mort par **hémorragie interne**. Néanmoins, un détail est venu interpeller Sarah.

Sarah had just bought herself a little time. The hunt was back on. The first step was to interrogate the different, so-called witnesses. Two days later, she still didn't have any clues which could confirm her suspicions. But Sarah hadn't given up yet.

I'm still going to see the forensic pathologist.

"Jack, hello, it's Sarah. Can I come by the lab? I'd like the check something."

"Of course, come when you want."

The autopsy report was clear. A bullet had perforated the officer's left lung. Death by internal bleeding. Nevertheless, one detail just stood out to Sarah.

la chasse : hunt
témoin : a witness
indice : a clue
suspicion : suspicion
légiste : a forensic pathologist
labo : lab
autopsie : autopsy
perforé : perforated
hémorragie interne : internal bleeding

— Jack, tu peux me dire si tu as **identifié** des traces de **coups** sur le corps ?

— Le corps du CRS ne montrait aucun signe de lutte. Il n'avait pas **d'hématome**, pas **d'égratignure**, rien. Pourquoi, tu contestes le procès des deux jeunes ? Il y a un vice **juridique** ou tu penses que cette histoire en **cache** une autre ?

— Je ne sais pas encore. Mais maintenant, j'ai des **arguments** assez convaincants pour continuer de chercher. Je vais aller **faire une petite virée** sur les soi-disant lieux du **crime**.

Le dossier en main, avec tous ses détails, Sarah est partie sur-le-champ. Le dossier **stipulait** que l'agression avait eu lieu au beau milieu de la nuit, dans le square d'un quartier **réputé** pour être **malfamé**. **Le taux d'élucidation** de la zone n'était pas très élevé. Il y avait eu le **semestre** dernier quelques **arrestations** sur des revendeurs de drogue. D'ailleurs cela avait entraîné **une descente de policier** pour enrayer un **trafic de stupéfiants**.

"Jack, can you tell me if you identified any bruises to the body?"

"The officer's body showed no sign of any struggle. He had no hematomas, scratches, nothing. Why? Do you disagree with the trial of the two young men? Is there a legal flaw or do you think there is another story hidden within this one?"

"I still don't know. But now I have some quite convincing arguments to keep looking. I'm going to take a quick look at the supposed crime scene."

With the case file in hand, Sarah headed out into the field with all her clues. The case file stipulated that the attack took place in the middle of the night, in the square of an infamous district. The area's clean-up rate wasn't very high. Some drug dealers were arrested last year. Incidentally, this led to a police raid to stop drug trafficking.

identifié : identified
coups : shots
hématome : hematoma
égratignure : scratch
contester : contest
juridique : legal
argument : argument
faire une virée : to go joyriding
dossier : file
stipuler : stipulate
malfamé : infamous, disreputable
taux d'élucidation : clear-up rate
arrestation : arrest
trafic de stupéfiants : drug trafficking

Le CRS avait voulu procéder à l'arrestation des deux **voyous** mais ils avaient pris la fuite. L'un d'eux a trébuché quelques mètres plus loin et s'est **fracturé** le tibia.

- J'ai un doute avec cette histoire de fracture de tibia ! Et il n'y a rien ici qui pourrait faire **trébucher** quelqu'un au point qu'il se casse la jambe !

L'arme, seule pièce à **conviction**, avait été retrouvée dans un buisson, non loin de l'endroit où le crime s'était déroulé. Des **empreintes** du jeune Maier avaient été retrouvées sur l'arme par la **police scientifique**. C'est ce motif qui avait motivé **les procédures judiciaires**. Le jeune avait d'abord été mis en **garde** à **vue**. Il a **affirmé** en premier lieu qu'il n'avait pas **commis** le meurtre. Puis soudainement, après avoir eu droit à son coup de téléphone, il a admis avoir tué l'homme. Il a été inculpé pour meurtre et a été écroué quelques jours plus tard.

The riot police officer wanted to proceed with the arrest of two thugs, but they escaped. One of them tripped over and fractured his tibia.

"I have some doubts about this tibia fracture story! And there is nothing here which could have made someone fall over to the point where they break their leg!"

The weapon, the only piece of evidence, had been found in a bush, not far from the place where the crime had been carried out. The young Mr. Maier's fingerprints had been found on the weapon by the forensic team. That's the grounds on which the court proceedings were motivated. The young man was first taking into custody. At first, he claimed he didn't commit the murder. Then all of a sudden, having had the right to a phone call, he admitted to having killed the man. He was charged with murder and was put in prison a few days later.

> **voyou** : thug
> **fracturé** : fractured
> **conviction** : conviction
> **empreintes** : fingerprints
> **police scientifique** : scientific police
> **motif** : motive
> **procédure** : procedure
> **judiciaire** : judiciary
> **garde à vue** : custody
> **affirmer** : affirm
> **commettre** : commit
> **écrouer** : put in prison

Sarah a passé plusieurs jours à **fouiller** dans les dossiers afin de **prendre connaissance** des différentes histoires du quartier qui **s'avéraient** plutôt sérieuses. Le gardien de l'un des immeubles avait été interné pour **toxicomanie**. Il y avait eu des affaires de **viol, de braquage, de cambriolage**. L'année dernière, des émeutes y avaient même **violemment** éclaté. **Le tribunal** avait enregistré un haut taux de **vandalisme**. **Le procureur** avait même fait passer **une circulaire** pour tous les **commissariats** du coin, et un **dispositif de couvre-feu** avait été envisagé pour calmer les tensions qui sévissaient dans le quartier. **La récidive** était devenue monnaie courante pour ces jeunes des quartiers défavorisés, qui une fois sortis d'un petit séjour en **prison**, retournaient vers leurs vieilles habitudes.

Sarah spent several days digging through the case files to carefully find out about the different stories from the area, which turned out to be rather heavy reading. The caretaker of one of the buildings had been committed for drug addiction. There had been issues with rape, burglaries and robberies. Violent riots had even broken out there last year. The law courts recorded a high vandalism rate. The attorney had even issued a memorandum to all the local police stations and curfew measures were contemplated to calm the tensions which were raging in the district. Re-offending became commonplace for youngsters from these underprivileged areas, who, once released from their short stay in prison, returned to their old ways.

fouiller : search
prendre connaissance : take notice
s'avérer : will be, prove to be
toxicomanie : drug addiction
viol : rape, violation
braquage : robbery
cambriolage : burglary
émeute : riots
violemment : violently
tribunal : law court
vandalisme : vandalism
procureur : attorney
commissariats : police centers
dispositif : device
couvre-feu : curfew
récidive : reoffending
prison : jail

Histoire 7 : Les Enquêtes de Sarah Turner // Sarah Turner's Investigations

Sarah n'était pas loin de baisser les bras lorsque le cinquième jour, quelque chose d'important est venu **l'alerter** dans ses recherches. Elle venait de découvrir que certains policiers avaient été **accusés** dernièrement de **corruption** au sein de ce quartier. Et notamment, **l'agent** Cover, alors chargé, dans cette zone **précise**, de **contrôler** tous types de **fraudes** passibles de **punition juridique**.

Que faisait-il ? Voulait-il seulement **se droguer** ?! **La peine** aurait alors été bien **sévère** pour ces deux là ! Heureusement qu'il n'y a plus de **peine de mort**, nous les aurions tué peut-être pour rien ! Oui, mais alors, pourquoi auraient-ils avoué quelque chose qu'ils n'avaient pas fait ? Michaël Maier est actuellement **emprisonné**. Mais Bastien Coulé a été **relâché** et strictement **assigné** à **résidence** sous **haute surveillance**. Il **paraîtra** une nouvelle fois devant **le juge** dans un an afin de réévaluer son dossier. C'est alors que Sarah a pris la décision d'aller **l'interroger** une nouvelle fois.

Sarah was about to throw in the towel when, on the fifth day, something important came to light in her research. She just discovered that lately some police officers from within the district had been accused of corruption. And notably, Agent Cover was responsible for controlling all types of fraud which would lead to punishment.

What was he doing? Did he just want to take drugs himself?! The punishment would have been really harsh for these two! Luckily, we no longer have the death penalty, or we potentially would have killed them for nothing! Okay, but why would they admit to something they didn't do? Michaël Maier is currently imprisoned. But Bastien Coulé was released and put under house arrest and strict surveillance. In a year's time, he will appear once again in front of a judge to reevaluate his case. Subsequently, Sarah decided the go interrogate him again.

alerter : to alert
accusé : accused
corruption : corruption
l'agent : the agent
précise : precise
contrôler : to control
fraude : fraud
punition : punishment
juridique : legal
se droguer : to take drugs
la peine : the penalty

sévère : severe
peine de mort : death penalty
emprisonné : jailed
relâché : released
assigné à résidence : under house arrest
haute surveillance : high surveillance
paraîtra : will appear
le juge : the judge
l'interroger : to question him

Le rendez-vous avait été accepté seulement si celui-ci se faisait sous la présence d'un **avocat**.

— Qui a tiré ce coup de feu **mortel** sur **l'officier**, était-ce vous ou votre camarade ? Qu'avez-vous fait par la suite ? Dites-moi précisément comment ça s'est déroulé ? Avez-vous cherché à **limiter** les dégâts, **atténuer** les tensions ? Comment vous êtes vous retrouvé **nez** à **nez** avec l'officier Cover ?

Sarah avait préparé toute une panoplie de questions. Certaines n'avaient que pour objet de **déstabiliser** Bastien Coulé, alors considéré comme **complice** mais non coupable. **L'entretien** a duré presque deux heures. C'est là que Sarah s'est tout de suite rendu compte que la version qu'avaient donné les deux jeunes n'était pas tout à fait la version **officielle**.

The meeting was accepted on the condition that a lawyer was present.

"Who fired the shot killing the officer, was it you or your mate? What did you do next? Tell me exactly how this happened. Were you looking to cut your losses, to ease tensions? How did you come to be face to face with officer Cover?"

Sarah had prepared a whole host of questions. Some were only intended to unsettle Bastien Coulé, considered at that time to be an accomplice but not guilty of the crime. The interview lasted for nearly two hours. It was then that Sarah immediately realized that the version the two young men had given was not quite the same as the official version.

avocat : lawyer
mortel : fatal
officier : officer

camarade : comrade
limiter : to limit
atténuer : mitigate, reduce
nez à nez : face to face
déstabiliser : to destabilize
complice : partner in crime
entretien : interview
officielle : official(F)

— Morel, je tiens quelque chose de nouveau ! Celui qui **croupit** en prison n'est peut-être pas le coupable ! Rappelle-moi !

Sarah sentait qu'une grosse affaire restait encore à élucider. Il fallait mettre en place une **intervention** musclée pour déceler le vrai **fautif**.

— Sarah, ici Morel, que se passe-t-il ?

— Je crois **qu'une cellule armée** et dangereuse se cache dans le quartier. Nous avons à faire à une grosse **plaque tournante** de drogue et de **vente d'armes**. Des policiers étaient **impliqués**, je pense que c'est pour cela que l'affaire a été si vite classée.

— Très bien, je contacte **le parquet dejustice**, on réouvre les procédures d'enquêtes. Joli travail !

Les hypothèses de Sarah s'étaient avérées justes et n'étaient pas **fondées** sur rien. D'ailleurs, quelque temps après avoir réouvert l'enquête, plusieurs **enlèvements** ont eu lieu. Comme si certains ne voulaient pas que de potentiels témoins ne puissent parler.

"Morel, I've found something new! The man rotting in prison may not be guilty! Call me back!"

Sarah felt that there was still a large matter to clear up. She needed to take strong action to discover the true culprit.

"Sarah, it's Morel, what's going on?"

"I believe that an armed and dangerous cell is hiding in the area. We're dealing with the nerve center for drugs and the sale of weapons. Police officers are involved, I think that's the reason why this case has been closed down so quickly."

"Very well, I'll contact the prosecutor's office, let's re-open investigation. Great work!"

Sarah's hypotheses were proved right and were not based on nothing. Sometime after the re-opening of the investigation, several kidnappings took place. As if some people didn't want the potential witnesses to speak.

élucider : elucidate
intervention : intervention
fautif : fault(the offender/the guilty/the wrongdoer)
une cellule armée : an army(armed) unit
plaque tournante : gathering or point of convergence
vente d'armes : arms sales
impliqués : involved
le parquet de justice : the prosecuter(prosecutor) of justice
avérées : proven
fondées : founded/based
enlèvements : kidnapping

Plusieurs individus avaient été identifiés par des logiciels de **reconnaissance**. L'affaire prenait une **ampleur** impressionnante. Des policiers étaient impliqués, mais aussi des **maires**, des **députés** et de **hauts fonctionnaires**.

— Nous sommes face à l'une des plus grandes histoires de la corruption en France. Nous devons exécuter toutes les mesures nécessaires pour **enrayer** la fraude et **le mensonge**, quitte à **dénoncer** nos supérieurs s'il le faut ! Je comprends maintenant pourquoi les deux jeunes ne voulaient pas dire la vérité. Il nous faudra **appliquer** des mesures **drastiques** !

Sarah Turner et Martin Morel ont alors constitué une équipe sous la **tutelle** directe de la DGSI, **la direction générale de la sécurité intérieure. Le cartel** découvert dans le quartier n'était que **la partie** émergée de l'iceberg. Plusieurs agents ont procédé à de nombreuses **infiltrations**, arrestations et **fouilles** qui n'en finissaient pas. Morel et Sarah faisaient tout pour **résoudre** l'enquête. Mais une chose semblait leur échapper. Qui avait vraiment tué l'officier Cover ?

Several individuals were identified using facial recognition software. The matter had grown significantly. Police officers were involved, but so too were mayors, congressmen, and senior government officials.

"We are faced with one of the largest corruption cases in France. We must take all the necessary measures to stop the fraud and lies, even if it means denouncing our superiors! I now understand why the two young men didn't want to tell the truth. We will have to use drastic measures!"

So, Sarah Turner and Martin Morel put together a team under the direct supervision of the FBI, the Federal Bureau of Investigation. The cartel they discovered in the district was only the tip of the iceberg. Several agents proceeded with numerous infiltrations, arrests, and endless searches. Morel and Sarah did all they could to solve the case. But one thing seemed to escape them. Who really killed officer Cover?

reconnaissance : identification
ampleur : size, scope, expand or extend or **prendre de l'ampleur** : to grow
maire : mayor
député : deputy
hauts fonctionnaires : high or senior officials
enrayer : stop
le mensonge : the lie
dénoncer : report
appliquer : apply
drastique : drastic
constituer : form
tutelle : guardianship
direction générale de la sécurité intérieure : directorate general for internal security
le cartel : the cartel
la partie émergée de l'iceberg : the tip of the iceberg
infiltration : infiltration
fouille : search
résoudre : resolve
échapper : escape

Noyé dans ce **nuage** d'informations qui venaient de toutes parts, rien ne faisait avancer **le sujet principal** de cette enquête, à savoir, le meurtre de l'officier Cover. **Plusieurs branches** du cartel avaient été **neutralisées**, les principaux **malfaiteurs** arrêtés et les différents **acteurs corrompus enfermés derrière les barreaux**. Les deux jeunes, par ailleurs, avaient été **relâché** sous condition, puisque **puni à tort**. Les deux étaient tout de même obligés de signer une **fiche de présence** tous les deux jours jusqu'à ce que l'enquête soit terminée.

Inundated by the waves of information coming from all angles, nothing advanced the principal focus of this case, namely the murder of officer Cover. Several branches of the cartel had been neutralized, the main culprits arrested, and the various corrupt parties locked away behind bars. The two young men, on the other hand, had been conditionally released, since they'd been wrongfully punished. The two were nonetheless forced to sign an attendance record every two days until this case was closed.

noyé : drowned
nuage : cloud
sujet principal : main subject
plusieurs branches : several branches
neutralisées : neutralized
malfaiteur : malefactor, wrongdoer
acteurs corrompus : corrupt participants
enfermés derrière les barreaux : locked up behind bars, in jail
relâcher : release
puni à tort : wrongly punished
fiche de présence : attendance record

À chaque fois que l'enquête avançait, quelque chose venait **s'interposer** et les empêcher de **conclure** l'affaire. Cela a duré ainsi jusqu'à ce que Sarah comprenne **les tenants et les aboutissants** de l'histoire.

— **J'en suis convaincu**, il y a **une taupe** parmi nous. S'était-elle confiée à Morel, son coéquipier.

— Tu es sûre ? Mais qui cela pourrait-il bien être ?

— J'ai quelques **pistes**, mais je n'en suis pas sûre. Ce n'est pas Amine Oustafi, **l'inspecteur**, il ne rentre pas dans les critères. Ce n'est pas non plus **le médecin**

légiste, ni Horton qui n'arriverait pas à **mentir** même à sa mère. J'ai écarté Laure et Matthias, nos deux informaticiens de génie. Il reste les trois autres ainsi que toi et moi. Ce n'est pas moi, cela va de soi, et ce n'est pas toi non plus.

Each time the investigation advanced, something got in the way and stopped them from finishing the case. It went on like this until Sarah came to understand the ins and outs of the story.

"There's a mole among us, I'm sure of it," she confided in Morel, her colleague.

"Are you sure? But who could it be?"

"I have a few leads, but I'm not sure. It's not Amine Oustafi, the detective, he doesn't fit the criteria. It's not the medical examiner either, or Horton, who couldn't even lie to his mother. I've ruled out Laure and Matthias, our two computer scientists. That leaves only three others as well as you and me. It's not me, that goes without saying, and it's not you either."

s'interposer : interpose themselves
conclure : conclude
les tenants et les aboutissants : the ins and outs
convaincu : convinced
une taupe : a mole
piste : lead
inspecteur : inspector
critère : criteria
médecin légiste : medical examiner, forensic expert
mentir : to lie

— **Espionnons** tout le monde, on sera vite fixé.

— J'ai déjà lancé la procédure, j'attends **des retours**.

— Ah ! Et tu nous as tous fait **surveiller** sans notre **autorisation** ?

— Je n'allais pas prévenir l'éventuel futur meurtrier ?! Pourquoi, cela te pose un problème, tu as quelque chose à te **reprocher** ?

— Non pas du tout.

La discussion s'est arrêtée là. Les jours suivants, Morel avait, selon Sarah, un **comportement** étrange. Puis finalement, il a commencé à ne plus venir, se déclarant **malade**. C'est quinze jours plus tard que Sarah a obtenu sa réponse. La nouvelle avait été fracassante. Morel avait **disparu**, et la personne qu'elle avait **mandatée** en tant **qu'espion** lui avait rendu son rapport. Morel était impliqué dans l'histoire !

Cette affaire a duré un an encore. Les procédures judiciaires avaient été longues et **fastidieuses** et le véritable coupable n'était autre que l'agent Cover lui-même qui finalement s'était **suicidé**. Mais on l'avait largement **incité**, dont l'agent Morel, sans qui celui-ci ne serait jamais passé à l'acte.

"Let's spy on everybody, we'll sort this out quickly."

"I've already started the procedure; I'm waiting on the results."

"Oh! And you monitored all of us without our authorization?"

"I wasn't going to warn the potential future murderer?! Why? Is that a problem for you? Do you have something to be ashamed of?"

"No, not at all."

The discussion stopped there. In the following days, Morel, in Sarah's opinion, was behaving strangely. Then finally, he started to no longer come in, saying he was sick. Sarah received the response fifteen days later. The news was unbelievable. Morel had disappeared, and the person that she had commissioned as a spy reported back to her. Morel was involved in the crime!

This case lasted another year. The legal proceedings were long and tiresome, and the real culprit was none other than agent Cover himself, who ultimately committed suicide. But to a large extent he was made to do it by agent Morel, without whom he would never have committed this act.

espionner : to spy
des retours : feedbacks
surveiller : to monitor
autorisation : authorization
se reprocher : to blame/reproach oneself
la discussion : the discussion

comportement étrange : strange behavior
malade : sick
disparu : missing
mandatée : mandated/authorized
espion : spy
fastidieuse : tedious
suicidé : suicided
inciter : encourage
passer à l'acte : take action

Voici le témoignage final que Sarah a finalement élaboré à la clôture du dossier.

L'agent Cover était un **consommateur occasionnel** de drogue. Régulièrement, il venait se servir auprès de **revendeurs de drogues** tels que les deux jeunes Bastien Coulé et Michaël Maier. M. Cover était bien au courant des affaires de corruption car il en été l'un des éléments majeurs. Mais ne supportant plus sa situation, il avait décidé de tout avouer. Cette affaire impliquant un grand nombre de policiers, de politiques et de hauts cadre, tout a été fait pour éradiquer la menace que **représentait** l'agent Cover. Ses biens lui ont été **confisqués** et sa famille **exilée**. Un soir plus difficile que les autres, Cover est allé rejoindre son ami Morel qui l'a volontairement **saoulé au** rhum. Celui-ci, alors en manque s'est rendu **ivre** mort dans le quartier en question afin d'acheter pour l'énième fois de la drogue. Il est alors tombé nez à nez avec les deux jeunes qui malheureusement n'en n'avait pas. La situation a dégénéré mais les deux ont pu **s'enfuir**. Alors complètement **désespéré**, voyant de toute manière que sa vie était **ruinée**, dans son **ivresse**, l'officier Cover **s'est donné la mort**. Par la suite, les deux jeunes ont été **interpellés** par plusieurs policiers ainsi que l'agent Morel. Ils ont maquillé le suicide douteux de Cover en meurtre et les ont menacés, ce qui explique finalement les marques que l'un d'eux portait et la fracture de son tibia.

Here is the final testimony that Sarah put together when the case closed.

Agent Cover was an occasional drug user. Regularly, he took advantage of drug dealers such as the two young men Bastien Coulé and Michaël Maier. Mr. Cover was well aware of corruption cases because he was one of the major factors in them. But no longer being able to bear his situation, he decided to admit to everything. This whole crime, which implicated a large number of police officers, politicians and senior officials, was committed to eradicate the threat posed by agent Cover. His possessions were confiscated, and his family banished. One evening, which was more difficult than the others, Cover went to meet his friend Morel who purposefully got him drunk on rum. Cover, in need, went to the area in question, blind drunk, to buy drugs for the umpteenth time. He then came face to face with the two young men, who unfortunately didn't have any. The situation got worse but the two boys were able to run away. So, completely desperate and seeing that his life was ruined anyway, in his drunken state, office Cover killed himself. Subsequently, the two young men were arrested by several police officers as well as agent Morel. They disguised Cover's unlikely suicide as a murder and threatened them, which ultimately explains the bruises that one of them had, and the fracture to his tibia.

consommateur occasionnel : casual consumer
revendeur de drogue : drug dealer
éléments majeurs : major elements
éradiquer : eradicate
représenter : represent
confisquer : confiscate
exilée : exiled
saoulé : drunk
ivre : drunk
désespéré : desperate
ruiné : ruined
ivresse : drunkenness
se donner la mort : killing oneself/to commit suicide
interpeller : arrested
maquillé : disguised

Ce n'est que deux ans plus tard que les vrais coupables ont été arrêtés, dont Morel, et les deux jeunes entièrement **libérés** avec une grosse somme comme dédommagement. Malgré qu'ils aient dû répondre aux questions concernant leur pratique de vendeurs de drogue. Ils ont finalement **porté plainte** contre leurs différents **agresseurs** et gagné leur procès. Tout cela, grâce à **l'intuition** de génie de Sarah Turner, qui comme toujours, faisait preuve d'un professionnalisme sans égale. Et c'est ainsi que pour **ses talents**, elle est alors devenue la Directrice officielle de la sécurité intérieure de la nation française.

Two years later, the real culprits were arrested, including Morel, and the two young men were completely free with a large sum in compensation, despite having to answer questions about their practice as drug dealers. They finally lodged a complaint against their attackers and won their trial. All of this was thanks to Sarah Turner's genius intuition, which as always, proved her unprecedented professionalism. And that's why, because of her talents, she then became the Official Director for Internal Security for France.

libérer : to free
dédommagement : compensation
porter plainte : to lodge a complaint
agresseur : aggressor/attacker
intuition : intuition
ses talents : his/her talents

VOCABULARY RECAP

être emprunt : be borrowing (**emprunt d'un doute** : having a doubt)

coéquipier : teammate /partner

une bande : a gang

inculpé : charged with

peine avec sursis : suspended sentence

coups et blessures : aggravated assault

amende : a fine

vol à l'étalage : shoplifting

judiciaire : judiciary

drogue : drugs

meurtre : murder

aveux : confession

classée : classified

abattre : to shoot down

CRS : riot police

en service : in duty, at work

avouer : confess

subir une forme de pression : undergo a form of pressure

exercer un effet de dissuasion : to act as a deterrent

délinquant : delinquent

flic : cop

se sauver : to run away

rattraper : catch up

embarquer au poste : embark on post

dégénéré : degenerate

maîtriser : to control

bagarre : fight

arme : weapon

combat : a fight

menacer : threaten

succomber : succumb

appuyer sur la détente : pull the trigger

déposition : testimony

un recours : a recours, an appeal

exiger : to require

exécuter : to execute/kill/murder

représentant de la paix : an agent

accorder : to grant

admettre : to admit

bureau fédéral : federal office

coupables : guilty

sang : blood

agression : assault

évidence : evidence (obviousness)

la balle : bullet

gros calibre : large caliber

flingue : gun

coup de feu : gunshot

circonstance : circumstance

arme à feu : firearm

enquête criminelle : criminal investigation

fuite : escape

meurtrier : murderer

responsabilité : responsibility

preuves : proof

hypothèse : hypothesis

remonter la source : up the source

légal : legal

investigation : investigation

clôture : closing

appel en cours de cassation : supreme current call

contrôle judiciaire : judicial review

panoplie : range, panoply

mandat : warrant

perquisition : search, raid

conclusion : conclusion

la chasse : hunt

témoin : a witness

indice : a clue

suspicion : suspicion

légiste : a forensic pathologist

labo : lab

autopsie : autopsy

perforé : perforated

hémorragie interne : internal bleeding

identifié : identified

coups : shots

hématome : hematoma

égratignure : scratch

contester : contest

juridique : legal

argument : argument

faire une virée : to go joyriding

dossier : file

stipuler : stipulate

malfamé : infamous, disreputable

taux d'élucidation : clear-up rate

arrestation : arrest

trafic de stupéfiants : drug trafficking

voyou : thug

fracturé : fractured

conviction : conviction

empreintes : fingerprints

police scientifique : scientific police

motif : motive

procédure : procedure

judiciaire : judiciary

garde à vue : custody

affirmer : affirm

commettre : commit

écrouer : put in prison

fouiller : search

prendre connaissance : take notice

s'avérer : will be, prove to be

toxicomanie : drug addiction

viol : rape, violation

braquage : robbery

cambriolage : burglary

émeute : riots

violemment : violently

tribunal : law court

vandalisme : vandalism

procureur : attorney

commissariats : police centers

dispositif : device
couvre-feu : curfew
récidive : reoffending
prison : jail
alerter : to alert
accusé : accused
corruption : corruption
l'agent : the agent
précise : precise
contrôler : to control
fraude : fraud
punition : punishment
juridique : legal
se droguer : to take drugs
la peine : the penalty
sévère : severe
peine de mort : death penalty
emprisonné : jailed
relâché : released
assigné à résidence : under house arrest
haute surveillance : high surveillance
paraîtra : will appear
le juge : the judge
l'interroger : to question him
avocat : lawyer
mortel : fatal
officier : officer
camarade : comrade
limiter : to limit

atténuer : mitigate, reduce
nez à nez : face to face
déstabiliser : to destabilize
complice : partner in crime
entretien : interview
officielle : official(F)
élucider : elucidate
intervention : intervention
fautif : fault(the offender/the guilty/the wrongdoer)
une cellule armée : an army(armed) unit
plaque tournante : gathering or point of convergence
vente d'armes : arms sales
impliqués : involved
le parquet de justice : the prosecuter(prosecutor) of justice
avérées : proven
fondées : founded/based
enlèvements : kidnapping
reconnaissance : identification
ampleur : size, scope, expand or extend or **prendre de l'ampleur** : to grow
maire : mayor
député : deputy
hauts fonctionnaires : high or senior officials
enrayer : stop
le mensonge : the lie
dénoncer : report
appliquer : apply
drastique : drastic
constituer : form
tutelle : guardianship

direction générale de la sécurité intérieure : directorate general for internal security

le cartel : the cartel

la partie émergée de l'iceberg : the tip of the iceberg

infiltration : infiltration

fouille : search

résoudre : resolve

échapper : escape

noyé : drowned

nuage : cloud

sujet principal : main subject

plusieurs branches : several branches

neutralisées : neutralized

malfaiteur : malefactor, wrongdoer

acteurs corrompus : corrupt participants

enfermés derrière les barreaux : locked up behind bars, in jail

relâcher : release

puni à tort : wrongly punished

fiche de présence : attendance record

s'interposer : interpose themselves

conclure : conclude

les tenants et les aboutissants : the ins and outs

convaincu : convinced

une taupe : a mole

piste : lead

inspecteur : inspector

critère : criteria

médecin légiste : medical examiner, forensic expert

mentir : to lie

espionner : to spy

des retours : feedbacks

surveiller : to monitor

autorisation : authorization

se reprocher : to blame/reproach oneself

la discussion : the discussion

comportement étrange : strange behavior

malade : sick

disparu : missing

mandatée : mandated/authorized

espion : spy

fastidieuse : tedious

suicidé : suicided

inciter : encourage

passer à l'acte : take action

consommateur occasionnel : casual consumer

revendeur de drogue : drug dealer

éléments majeurs : major elements

éradiquer : eradicate

représenter : represent

confisquer : confiscate

exilée : exiled

saoulé : drunk

ivre : drunk

désespéré : desperate

ruiné : ruined

ivresse : drunkenness

se donner la mort : killing oneself/to commit suicide

interpeller : arrested

maquillé : disguised

libérer : to free

dédommagement : compensation

porter plainte : to lodge a complaint

agresseur : aggressor/attacker

intuition : intuition

ses talents : his/her talents

PRACTICE YOUR WRITING

Write a short summary of this story. Do not paraphrase please.

Sample:

Un CRS a été assassiné depuis peu. Deux jeunes délinquants ont été interpellés et inculpés pour meurtre après leurs aveux. Mais Sarah Turner a un doute, pour elle, il y a une vérité bien plus dérangeante derrière tout ça. C'est ainsi que ses suppositions la mèneront vers quelque chose d'incroyable. Derrière l'apparent meurtre d'un officier en service se cachait l'une des plus grandes affaires de corruption du territoire français. Des policiers, des politiciens, des députés et de hauts fonctionnaires étaient impliqués dans une affaire de drogue et de vente d'armes. C'est après avoir remonté la source jusqu'à un quartier malfamé, où le meurtre a apparemment eu lieu, que Sarah mettra à jour cette histoire. Face à la corruption, elle et son équipe sont contraintes de travailler dans le plus grand secret, sous tutelle même de la direction générale de la sécurité intérieure. Mais encore une fois, la trahison est de mise au sein même de son équipe. Sarah Turner se rendra compte qu'une taupe agit contre leur grès parmi eux. Ainsi, Sarah finira par découvrir la vérité en engageant un espion, et se rendre compte que son propre coéquipier, l'agent Morel, était lui aussi impliqué dans l'affaire. C'est alors que grâce à Sarah Turner, l'affaire du meurtre s'est enfin dévoilée au grand jour, et résolue pour de bon.

CONCLUSION

*"One language sets you in a corridor for life.
Two languages open every door along the way."*
-Frank Smith

A new language can certainly open doors that you never knew existed. I hope this book *Learn French with Stories Volume 2* was able to help you with that. A lot of effort has gone into the making and publication of this book; knowing that I am able to pave the way for you to continue learning French — and ensure you have fun in the process — makes all the effort worthwhile.

After reading the seven stories in this book, you should be making headway in your French language-learning journey. You have learned hundreds of useful new French words to incorporate into your vocabulary, and I hope that your confidence in reading and writing has improved, too. Finally, I hope you have benefited from the pronunciation and listening practice provided by the added audio.

If you want other books similar to this one, please visit the Talk in French Store at https://store.talkinfrench.com/. There, you will find more *Learn French with Stories* volumes, including the volume before this, and three volumes for *Learn French with Stories for Beginners*. Aside from that, there are also French grammar and vocabulary books, study guides, and even tourism books dedicated to traveling in France.

You can also visit my website https://www.talkinfrench.com. It has plenty of useful articles covering topics such as grammar, vocabulary, culture, learning methods, and so much more.

If you found this book to be helpful for you, you can support it by leaving an honest review — your feedback is truly appreciated and valued.

Thank you so much.

Merci beaucoup.

Frédéric

HOW TO DOWNLOAD THE MP3?

Go to this page: https://www.talkinfrench.com/download-learn-french-with-stories-volume-3/

If you have any issue to download the MP3, please contact me at contact@talkinfrench.com

Made in the USA
Coppell, TX
14 April 2022